DESSINS ET MODÈLES

# LA PEINTURE DÉCORATIVE

## ALBUMS FORMANT LA COLLECTION

DES

## DESSINS ET MODÈLES

---

| | | | |
|---|---|---|---|
| Album | des Arts du bois........ | 164 | gravures. |
| — | des Arts du feu......... | 223 | — |
| — | des Arts du métal....... | 200 | — |
| — | des Arts du tissu....... | 150 | — |
| — | de Peinture décorative... | 200 | — |
| — | de Sculpture décorative.. | 200 | — |

---

BORDEAUX. — IMPR. G. GOUNOUILHOU, RUE GUIRAUDE, 11.
PARIS. — RUE DE RICHELIEU, 101.

## DESSINS ET MODÈLES

# LA PEINTURE DÉCORATIVE

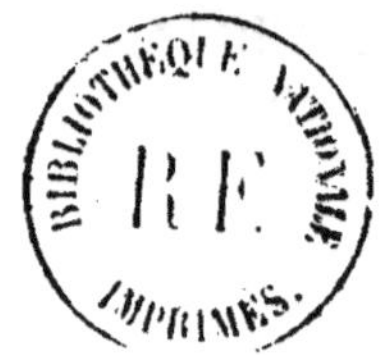


NOTICE

PAR M. L. ROGER-MILÈS

*Album comprenant 200 Gravures*

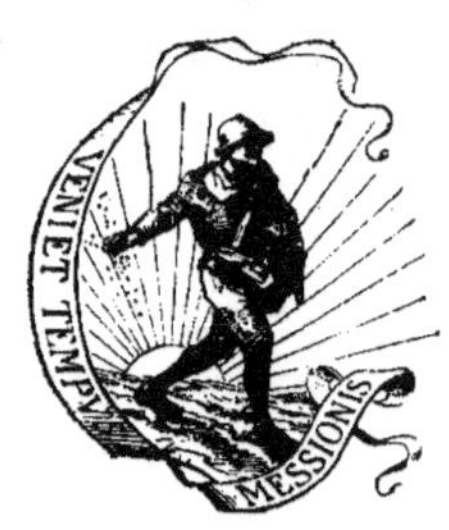


PARIS

BIBLIOTHÈQUE DE LA *GAZETTE DES BEAUX-ARTS*

**J. ROUAM & C^ie, éditeurs**

14, RUE DU HELDER, 14

# NOTICE HISTORIQUE

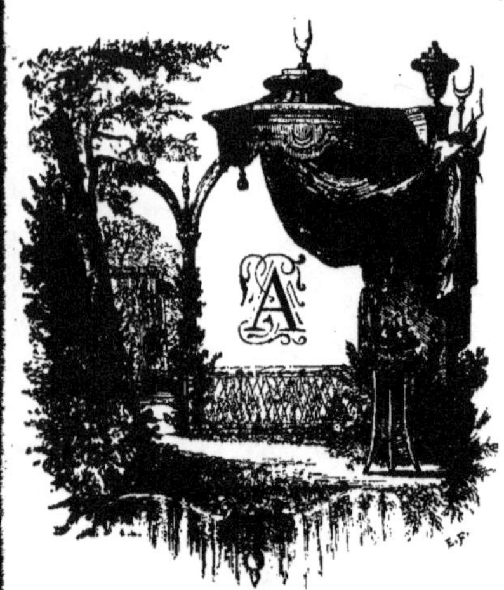
COMPOSITION DÉCORATIVE DU XVIIIe SIÈCLE.

AVANT de passer en revue, dans un rapide examen, ce qu'a été la peinture décorative aux différentes époques de l'histoire de l'art, il n'est pas inutile d'examiner les éléments qui se retrouveront toujours dans cette peinture et de donner, avant un aperçu de l'histoire, quelques notions de la théorie.

I. — Et d'abord, que faut-il entendre par *peinture décorative?* Est-ce que toute peinture n'est pas nécessairement décorative? Y a-t-il une peinture qui puisse tout spécialement porter ce titre de *peinture décorative?* Ce sont là autant de questions que, dans le résumé que nous nous proposons, nous ne pouvons qu'effleurer.

Il y a, en effet, une peinture décorative toute spéciale et que la majorité du public accepte, quoiqu'il n'en soit rien, comme inférieure à l'autre peinture, la peinture de chevalet : et cela par cette raison que, dans la peinture de chevalet, l'artiste n'a à se préoccuper que de son inspiration et de son goût, tandis que dans la peinture décorative il lui faut satisfaire à des conditions spéciales d'utilité, d'entourage et de destination. Mais ce serait une erreur de croire que la peinture décorative est un genre inférieur; il y a eu des époques, nous le verrons plus loin, où les décorateurs ont été des peintres de génie.

En somme, c'est l'immobilité de l'œuvre à la place qui lui est destinée qui constitue le caractère de décoration d'une peinture, et le but de cette peinture est de trouver un décor agréable à l'œil et en harmonie avec l'architecture et la lumière du lieu où elle doit être fixée.

Cherchons maintenant quels seront les éléments principaux de ce décor. Ces éléments se ramèneront à trois classes : la nature, l'invention et la géométrie; et chacune de ces classes présentera trois modes : la copie exacte de la nature et la convention et, entre les deux, un mode mixte tenant de l'un et de l'autre. Quelques mots ne seront pas inutiles sur ces différents modes.

Dans le premier, nous voyons la représentation rigoureuse de la nature; mais cette représentation est soumise à un arrangement particulier : le motif principal y occupe la place qui correspond le mieux à l'effet recherché, et ce motif est traité dans la mesure et avec les vigueurs exigées par l'emplacement prévu et l'éclairage de cet emplacement. Il y a donc, à côté de l'interprétation même de la nature, quelques conditions indispensables d'ordre et de chose.

Le deuxième mode est le mode mixte, ainsi désigné parce que, dans un milieu conventionnel, il introduit des éléments naturels. Les peintures conçues dans ce mode ne peuvent, en aucune manière, se comparer avec des tableaux : les fonds y sont, par exemple, de couleur ou d'or; la perspective de l'architecture et du paysage y est exprimée d'une façon particulière; néanmoins, les figures, même placées sur des attributs de convention, conservent leurs modelés naturels et les colorations qui leur sont propres.

Dans le troisième mode, la convention, l'expression du motif ne garde que le type caractéristique de la forme; tout le reste : détail, composition, développement, perspective et couleur, doit obéir aux exigences du décor. On sort de la vérité naturelle pour entrer dans le domaine de l'imagination; le contraste et l'originalité peuvent s'y produire en toute liberté et contre toute vraisemblance; c'est là, on en conviendra, le mode qui doit le plus complètement convenir à la peinture décorative. Rien n'empêche, d'ailleurs, le décorateur de varier ses effets à l'infini, et d'unir dans une même composition, avec succès, s'il en a le talent, deux des modes que nous venons de définir.

II. — Nous remarquerons que, quel que soit le mode employé, la nature fournira d'inépuisables richesses à l'ornement, richesses qui seront copiées scrupuleusement et qui serviront de point de départ à toutes les fantaisies d'une libre et capricieuse interprétation. Or, il n'est pas sans intérêt de noter au passage les divers éléments qu'offre la nature au choix du peintre décorateur. Nous en trouvons trois sortes : la flore, la faune et les corps et phénomènes célestes et terrestres.

La flore a été largement féconde pour la peinture décorative; elle a donné sans compter tout ce qu'elle possédait : arbres et plantes, troncs noueux et branches flexibles, tiges élancées et rameaux fleuris, bourgeons et feuilles, grains et fruits, et il est aisé de comprendre combien tout cela a pu fournir de dérivés, tels que couronnes, gerbes, guirlandes, fleurons, etc. Quand il s'agira du premier mode, et même du second, le peintre n'aura qu'à copier aussi exactement que possible, s'en tenant à la vérité de structure, de forme et de couleur, sans renoncer cependant à un arrangement harmonieux, capable de mettre en valeur les beaux effets de sa représentation.

Mais il n'en va plus de même quand nous abordons le troisième mode. La flore devient alors exclusivement ornementale, et une trop grande précision de détail nuirait à l'effet général; ce qu'on demande alors à l'artiste, c'est de conserver seulement à la fleur ou à la plante, ou même à la racine figurée, ce qu'elle a de caractéristique; c'est de simplifier le végétal et de remplacer, comme l'a justement dit M. Henri Mayeux, l'attrait de la vérité dans le dessin et la couleur par le caractère de la silhouette et la simplicité de la facture.

La faune n'a pas été plus avare que la flore, et la peinture décorative lui doit un aliment toujours renouvelé. Depuis l'homme, animal raisonnable, dont la fable a fait parfois d'étranges mammifères, jusqu'au plus petit des insectes, toutes les catégories d'êtres vivants ont été mis à contribution par les artistes. La représentation, en ce qui concerne le premier et le deuxième mode, est la même pour la faune que pour la flore, avec cette nuance toutefois que le décorateur doit insister surtout sur la beauté plastique de l'animal et la beauté plastique saisie en pleine vie de l'animal; ainsi la noblesse, la majesté, la grâce, la légèreté seront des caractères à indiquer, suivant qu'il s'agira de figurer le cheval, le lion, le chat ou l'oiseau.

Dans le troisième mode, l'animal interprété sera, lui aussi, simplifié de forme, et l'indication sommaire suffira à marquer sa race, à défaut de vie et de mouvement. A ce mode aussi appartiendra la conception des mythologies où, par une fantaisie de l'imagination et pour l'intelligence des symboles, plusieurs espèces animales seront réunies en de chimériques créatures, telles que les griffons, les centaures, les tritons, les dauphins, les sphinx, les faunes, les satyres; où même les animaux seront unis à des types du règne végétal, monstres étranges, inventés par les théologies et les civilisations, et, le cas échéant, par la rêverie des artistes décorateurs.

Enfin, les corps célestes comme les étoiles et les planètes, les phénomènes célestes comme les orages, les nuages, les éclairs; les corps et les phénomènes terrestres comme l'océan, les montagnes, les volcans, etc., apportent aussi leur tribut à la peinture décorative.

Dans le premier mode, la représentation est exacte; dans le second, il y a exagération de la vérité; dans le troisième, le motif est purement silhouetté, et, par sa figuration en dehors de toute vraisemblance, il devient presque exclusivement la traduction d'un symbole : ainsi les énigmes célestes insérées dans la décoration héraldique.

III. — L'invention, pour ne pas être une source aussi abondante que la nature, n'en est pas moins mise à contribution par les peintres décorateurs; elle fait dériver ses motifs d'une infinité de choses, telles que l'habitation, les objets du vêtement, les mille bibelots de l'ameublement, ou encore de l'industrie et du commerce, des arts et des sciences, etc. Mais elle cherche surtout des motifs simples, et lorsque les motifs qui lui sont nécessaires présentent certains caractères de complexité, elle n'hésite pas à les simplifier. En général, il lui faut procéder par synthèse : l'analyse et le détail embarrassé ne sont pas du tout son fait.

Enfin, la troisième classe, que nous avons désignée comme fournissant des éléments à la peinture décorative, est la géométrie. Nous n'insisterons pas; on sait à quelle variété de combinaisons peuvent donner lieu la ligne droite et la ligne courbe, et nous aurons plus loin à montrer les peuples qui ont tiré d'elles de curieux effets décoratifs, tels que grecques, étoiles, rosaces, ogives, boucles, volutes, entrelacs, rinceaux, entablements, palmettes indiennes, accolades orientales, etc.

Nous ne dirons qu'un mot de l'application du décor et de son appropriation au sujet. Pour l'application, l'artiste peut adopter deux partis, le *parti symétrique* et le *parti irrégulier*. Là encore nous trouvons des subdivisions, le parti symétrique peut être *absolu* ou *relatif; absolu,* quand il renferme des motifs rigoureusement semblables et disposés en sens inverse de chaque côté d'un axe imaginaire; *relatif,* quand l'ensemble, et non le détail, est soumis à cette symétrie.

Le parti irrégulier laisse plus de liberté; la symétrie y est remplacée par une habile pondération des parties, et l'indépendance laissée au décorateur lui permet de développer son idée avec plus d'abandon, sans que cet abandon puisse jamais donner lieu à des masses confuses ou à des vides dont le regard se choquerait.

Enfin, il faut que la peinture décorative soit essentiellement appropriée, comme sujet et comme facture, à la place qui lui est réservée. Il faut que la peinture décorative s'impose comme telle, au premier aspect : point d'artifice, point de trompe-l'œil, le goût en souffrirait et l'art n'y gagnerait rien. Certes, la peinture décorative ne doit pas être enfermée dans une formule unique; il ne faut pas la supposer satisfaite d'une esthétique rudimentaire; elle peut exiger, au contraire, tous les procédés, toutes les intensités d'expression; elle a besoin d'une étude attentive et préalable de la nature; mais elle est appelée à produire des effets déterminés, et l'artiste qui l'exécute ne doit pas perdre de vue que l'architecte est plus que son collaborateur, son chef. Le peintre apporte sa part dans l'œuvre commune, mais il n'est qu'un des virtuoses appelés à briller dans l'ensemble, et s'il comprend sa tâche, il saura mettre son travail en harmonie avec le cadre architectural qui lui est réservé.

IV. — Il convient d'examiner maintenant, en quelques lignes, comment ces principes et ces éléments ont été appliqués par les différentes civilisations qui se sont succédé dans l'histoire de la peinture décorative.

En Égypte, c'est à l'intérieur des temples et des hypogées qu'il faut chercher la peinture décorative. La convention y règne absolument. Les sujets traités figurent des scènes historiques ou religieuses; ces dernières présentent des déesses aux ailes étranges : Isis et Nephthys. Dans les peintures d'histoire, les personnages ont une rigidité traditionnelle : on les voit de profil. Ils sont peints en teintes unies pour tout le corps, sans aucun souci des ombres; la teinte varie suivant le sexe : jaune clair pour les femmes, brun rouge pour les hommes; quand il s'agit d'un roi ou d'un dieu, le peintre, sans recherche de la vérité, le teinte de bleu ou de vert, et cette touche capricieuse suffit à affirmer chez les Égyptiens le goût de la polychromie. D'ailleurs, le dessinateur, celui qui, sur la pierre, enserrait les figures et le décor dans un trait noir ou rouge, celui-là seul était un artiste; l'homme qui ciselait après lui la pierre, en suivant le contour indiqué, ou qui, par mesure d'économie de temps et d'argent, promenait dans l'intérieur du dessin sa peinture à la détrempe, n'était qu'un artisan. La peinture n'est vraiment alors qu'une enluminure. Ce n'est qu'après la conquête thébaine qu'on trouve à Beni-Hassan des peintures où le peintre n'a pas eu besoin de la tutelle préalable du dessinateur, et il faudra attendre que la période gréco-égyptienne se soit bien établie pour arriver à ces figures à l'encaustique, d'une si vivante expression et d'un art si merveilleux.

Mais autour de l'immobilité froide des hommes et des dieux dans la peinture de l'antique Égypte, il y a tout un décor d'une ingénieuse complexité; la convention dans la faune et la flore s'unit à la géométrie des symboles; à côté des *damiers* (de l'ancien empire), des méandres et des rosaces, des volutes et des spirales, le peintre, avec prodigalité, sème les ombelles, qu'il encadre entre les tiges tombantes des fleurs suspendues à de longs pédoncules, et les *bucrânes,* masques inspirés des têtes décharnées de bœufs, alternant avec le scarabée, dont l'écriture peinte se simplifie et finit par n'être plus qu'une boule flanquée des deux ailes de la déesse Isis.

Comme en Égypte, la peinture décorative des Assyriens n'est qu'une enluminure, mais une enluminure à la couleur éclatante et douce; le bleu et le jaune y dominent; le vert n'y fait son apparition que tardivement. Les Assyriens se servaient de la décoration picturale pour dissimuler les briques dont leurs constructions étaient faites. Pour l'intérieur, la peinture à la détrempe offrait une solidité suffisante. Pour l'extérieur, la solidité n'était acquise qu'à l'aide de l'émail, et l'on sait, par le résultat de fouilles récentes, quelle richesse hiératique devait donner aux constructions ce décor émaillé.

A côté de figures humaines, raides et compassées, la fantaisie du peintre peignait dans ses compositions des taureaux gigantesques, des lions majestueux, des oiseaux, des arbres, des barques, des génies ailés et des monstres, dont les mythes locaux devaient expliquer la genèse.

C'est également pour masquer la pauvreté des matériaux employés à la construction, que les Phéniciens, qui ont ignoré l'art de peindre, couvraient parfois leurs murailles de couleurs; cela, d'autre part, épargnait le temps que l'on eût dépensé à y faire de coûteuses ciselures. On trouve cependant autour de Sidon des hypogées de l'époque gréco-romaine, qui portent des traces très effacées de peintures sur enduit. Les sujets de décoration se bornent à des feuillages hiératiques, à des fleurs, à des oiseaux rudimentaires; les sarcophages des hommes devaient porter aussi des peintures, comme on en découvre sur les stèles funéraires où, parmi les inscriptions, on peignait le portrait du défunt sur le stuc très résistant dont était revêtue la stèle. Enfin, on a la certitude qu'à Cypre la polychromie était très en faveur auprès des statuaires.

La Judée ne devait pas non plus fournir d'appoint à l'histoire de la peinture décorative, et la raison en est écrite dans les textes sacrés.

Les prophètes, en effet, condamnent la peinture qui donne une apparence de vie aux ouvrages plastiques; il n'y a même pas, en hébreu, de mot qui se traduise *exactement* par peindre, peintre, peinture. Quand Ezéchiel (XXIII-14) veut s'élever contre les images coloriées sur les murs dont s'éprirent les filles d'Israël, il emploie le mot *graver* (haqcoq), et veut sans doute désigner dans certains monuments d'art chaldéen, qu'il devait avoir sous les yeux, des bas-reliefs gravés au ciseau, et peints en rouge, à la détrempe. Les Israélites, d'ailleurs, semblent n'avoir connu que quatre couleurs: le blanc, le noir, le vert et le rouge, et peut-être la pourpre tyrienne, un bleu violet, qu'ils appelaient du nom du coquillage qui le fournissait, le *murex*. On sait que pour désigner le bleu clair par exemple, Moïse et Aaron se servent d'une périphrase, et comparent, dans l'*Exode,* cette couleur à l'éclat du saphir.

En Perse, la peinture décorative est plus riche, encore que très naïve; les couleurs ne manquent pas d'éclat si leur variété est réduite; mais les objets de décoration sont très nombreux; la flore y est conventionnelle comme les autres éléments, mais les détails y sont multipliés : la géométrie fournit des rosaces, qui semblent parfois en équilibre sur des têtes de palmier; parmi les animaux, le taureau et le lion sont un sujet habituel de décoration; enfin, dans certaines scènes où sont racontées les fastes légendaires de l'histoire nationale, on voit les rois luttant contre une sorte de licorne, d'un aspect farouche. Ce monstre a les pattes et les griffes du lion, les oreilles du taureau; la tête, dépourvue de cornes, est celle de l'aigle, avec des plumes enveloppant le col, et formant une crête allongée sur le sommet de la tête et la nuque; les ailes sont repliées contre les flancs de l'animal; les membres inférieurs sont armés de serres aiguës, et la queue s'étale en un éventail de plumes.

De la peinture décorative en Grèce il ne reste rien; les auteurs, heureusement, nous ont laissé des indications qui nous font connaître les procédés, en même temps que les peintures de Pompéi nous donnent une idée de ce que devait être l'art décoratif pour les peintres grecs. Il est évident qu'à côté de l'incomparable statuaire grecque il devait y avoir une admirable école de peinture; les artistes, dont les noms sont venus jusqu'à nous : Zeuxis, Parrhasios, Polygnote, Prathogènes, Apelles, etc., avaient dû être des collaborateurs de génie pour les architectes de leur temps. S'ils avaient une flore conventionnelle, comme la feuille d'acanthe qui est un type classique, ils avaient donné à la figure humaine, teintée à plat, une grâce particulière; ils n'y recherchaient pas les modelés ni les ombres, et se contentaient de rehausser leur dessin, trop uni, de quelques traits qui en affirmaient l'accent.

V. — Si nous n'avons rien des peintres grecs, nous possédons de précieux documents de la peinture décorative des Étrusques, qui durent certainement subir l'influence hellénique. Or, la peinture décorative fut particulièrement féconde chez les Étrusques : leurs chambres funéraires étaient ornées de fresques, et s'il ne nous est pas possible de dégager exactement les dates des morceaux parvenus jusqu'à nous, il n'est peut-être pas inexact de dire que les plus anciennes ne remontent pas plus haut que le v^e^ siècle avant J.-C., et que les plus récentes ne sont pas postérieures au III^e^. Bien que la peinture décorative, chez les Étrusques, soit presque exclusivement destinée à orner des chambres funèbres, on peut distinguer, dans l'inspiration des artistes qui exécutaient ces fresques, trois genres bien caractérisés : le genre archaïque, le genre sévère, le genre libre.

Dans le premier de ces trois genres, les fonds sont d'un gris jaunâtre ou de diverses nuances rouges, jaunes et noires, qui donnent un ton bistré; la figure humaine, toujours vue de profil, a des proportions régulières et un dessin d'une extrême simplicité; les animaux, au contraire, affectent des formes bizarres et une grandeur démesurée, qui les rapprochent des colosses de l'Assyrie ou de la Chaldée.

Dans le second genre, l'artiste se tient encore à la représentation de profil, mais le dessin est plus correct et plus expressif; on ne rencontre plus dans les compositions de figures difformes; la couleur aussi est plus habile. Sous la transparence de l'étoffe dont les personnages sont drapés, on remarque une discrète indication du corps; les scènes représentées dans le motif principal sont généralement des banquets, où le défunt occupe la place d'honneur; sur des frises, l'imagination de l'artiste fait courir le détail de toutes les cérémonies et réjouissances auxquelles donnaient lieu les funérailles.

Dans le troisième genre, le genre libre, la mythologie locale, mêlée de divinités grecques et étrusques, fait tout les frais de la composition; mais la décoration qui relève de ce genre est véritablement de l'art; on y trouve de la perspective, des effets de clair-obscur, des essais de raccourci et la pratique des demi-teintes. L'influence de l'art grec y est flagrante, mais l'art étrusque demeure, moins gracieux, et le côté fantastique, qui est dans l'esprit même de la nation et qui, naturellement, se traduit dans l'écriture de son art décoratif, ce côté fantastique les éloigne d'une inspiration souple et idéale.

A Rome, nous remarquons deux époques bien caractérisées dans l'histoire de la peinture décorative. Sous la République, les procédés de décoration, venus de Grèce, furent introduits en Italie vers le v^e^ siècle avant J.-C. C'est alors que deux peintres grecs, Gorgasos et Damophilos, exécutèrent des fresques pour un temple de Cérès. Les Latins eurent, néanmoins, sous la République, quelques peintres à eux, tel que Fabius Pictor, né d'un sang noble, et qui, au grand scandale des patriciens, couvrit de fresques, où il se faisait l'historien de la deuxième guerre punique, les murs du temple consacré à la déesse *Salus;* tel que Emmius Pacuvius, qui décora le temple d'Hercule élevé au *Forum Boarium.* Leur couleur était brillante, leur dessin ne laissait pas que de choquer encore par une raideur archaïque; ils s'étaient inspirés primitivement du cycle troyen, puis l'histoire nationale leur avait fourni le sujet de patriotiques compositions; enfin, après cette peinture commémorative s'adressant à tout le peuple, l'orgueil des patriciens inventa une peinture commémorative plus étroite, où celui qui payait avait le rôle glorieux : ils faisaient représenter dans leurs demeures, ou même sur les murs de monuments publics qu'ils avaient offerts à l'Etat, de leurs deniers, les épisodes qu'ils croyaient de nature à perpétuer leur souvenir.

Sous l'Empire, l'art grec continue à exercer son influence, et les artistes se contentent de copier; la décadence ne tarde pas à s'accentuer, l'invention s'arrête, et l'originalité se perd; c'est une période terne dans l'histoire de la décoration picturale. On peut retenir cependant quelques noms d'artistes qui, par leur exemple, luttèrent contre ces tendances de leur temps. Mais l'imitation, à Rome, était entrée dans les mœurs, et c'est à Pompéi qu'il faut chercher la véritable peinture de l'époque impériale.

Quelle fut donc cette peinture pompéienne? — En principe, les décorateurs de Pompéi se proposèrent de représenter, en trompe-l'œil, les reliefs architectoniques. Ce n'est que plus tard qu'ils ne s'appliqueront plus à donner l'illusion de la vérité; leur manière, ainsi comprise, se prêtait donc merveilleusement à des effets décoratifs; tous les caprices, toutes les combinaisons offraient des chances de succès. Nous n'oublions pas que l'invention n'existe plus, que l'imitation seule est en vogue; mais l'imitation, quand elle est adaptée, combinée, harmonisée avec art, peut encore être d'une heureuse expression.

Les œuvres des décorateurs pompéiens en sont la preuve; ils assemblaient, au hasard de l'inspiration, les éléments de l'architecture, balcons et colonnades, frontons et voûtes, donnant aux masses représentées des supports que la réalité n'eût pas admis, mais qui, en peinture, étaient d'une exquise ténuité, d'une légèreté sans exemple, le tout enrichi d'ornements, bandelettes et guirlandes, festons et rubans, fleurs et fruits, oiseaux et autres bêtes énigmatiques. Parfois, au milieu de leurs panneaux, ils reproduisaient, en des cartouches, des peintures célèbres, et ces cartouches constituaient de véritables tableaux, paysages, scènes d'intérieur, mythologie, caricatures même, dans l'ensemble décoratif. D'autres fois, ils jetaient dans leur composition un personnage dont la silhouette mettait un accent de vie sur la profondeur des perspectives, et ils faisaient s'envoler des essaims d'amours aux modelés délicats, sur l'azur d'un ciel lumineux; et c'était exquis, et c'était essentiellement spirituel. On peut même affirmer, d'après les peintures pompéiennes que nous ont fait connaître les fouilles exécutées depuis quarante ans, que c'est l'esprit, et l'esprit seul, qui procure l'originalité à ces peintures inspirées des éléments de l'art grec.

VI. — Avec le Bas-Empire, nous touchons à l'art byzantin, et si nous ne disons pas qu'il y eut un pas en arrière, nous ne saurions jurer qu'il y eut un progrès. Nous y trouvons, en effet, une forme apocalyptique, des figures humaines figées dans leur immobilité et suspendues en l'espace, sans souci d'un point d'appui, sans souci d'un modelé, qui est toujours sommaire. Mais on y découvre une telle simplicité de facture, qu'il s'en dégage une naïveté qui ne manque pas de séduction. Il est vrai que pendant le VI^e^ et le VII^e^ siècle, la peinture décorative était surtout remplacée dans les églises par des mosaïques d'une extrême richesse; dans ces compositions, où l'harmonie des couleurs devait produire des effets décoratifs d'une rare puissance, les figures ne se mêlaient pas : les personnages étaient alignés à côté l'un de l'autre avec des partis pris de symétrie, dans des attitudes calmes, plutôt régulières que réfléchies. L'expression de la vie y perdait, ainsi que la liberté, mais l'on ne peut manquer d'être saisi d'une certaine émotion esthétique devant un art d'une sincérité si rudimentaire, devant les mosaïques de l'église Saint-Vital, à Ravenne, où Justinien et Théodora sont figurés avec leurs suites, en de très luxueux costumes. Les fonds sont sur or ou sur bleu; c'est de cette époque que datent de précieux manuscrits à miniature qui méritent bien d'être cités dans une étude de la peinture décorative.

Au IXe siècle, à l'heure des Croisades, comme les mosaïques étaient d'une exécution trop coûteuse, on peignit à fresque sur les murs, soit l'épopée de héros de la mythologie, soit l'histoire des martyrs. Mais la peinture était moins durable que les mosaïques, et il n'y en a guère qui soient parvenues jusqu'à nous. Il existe pourtant des peintures sur bois, particulièrement au Musée chrétien du Vatican, qui, sans doute, remontent à cet âge lointain. C'est surtout dans les miniatures des manuscrits que l'on peut se faire une idée de la peinture byzantine, assez originale et non dépourvue de grâce, parce qu'on n'y avait pas perdu le souvenir de l'art classique des Grecs. On peut, de plus, affirmer que l'art byzantin eut un grand retentissement dans tout l'Occident.

Ainsi, au moyen âge, nous retrouvons la figure humaine immobile et figée dans la peinture, aussi bien que dans le vitrail et la tapisserie; c'est la même naïveté d'inspiration et de facture. Il faut attendre le XVe siècle pour trouver un changement d'esthétique; alors, à cause de l'art du portrait qui est en vogue, à cause également de la statuaire qui s'applique à rendre la vie et la passion, les peintres cherchent l'expression dans le fini des modelés et le réalisme de la couleur. Parmi les œuvres que nous connaissons de la première manière, on peut citer : *le Jugement dernier,* de l'église Saint-Philibert, de Tournus, et *la Danse des Morts,* dans l'église de la Chaise-Dieu. L'Allemagne conserve un certain nombre de fresques très remarquables du XIIIe siècle dans ses églises de Brauweiler, de Wienhausen, de Cologne, etc. Du XIVe siècle datent également des peintures sur bois, mieux conservées que les peintures à fresque; ce sont les *retables,* formés de panneaux sur lesquels court un seul sujet, et les *triptyques,* qui se composent d'un sujet principal sur le panneau du milieu, et de motifs moins importants sur les panneaux latéraux. On y peignait surtout des scènes religieuses; les figures s'enlèvent sur fond d'or, et la couleur est douce, relevée dans les ombres par des tailles d'or également. L'école de Bohême fut célèbre dans ce genre de décoration. L'école de Nuremberg prit rang dans la première moitié du XVe siècle, ainsi que l'école de Cologne.

L'architecture ogivale amena, avec l'art gothique, l'heure triomphante de la peinture sur verre, et le vitrail gagna ce que perdait la peinture décorative, qui se manifesta alors par d'admirables enluminures de manuscrits. En Italie, où l'architecture gothique ne s'était pas imposée, et où la peinture romane avait eu d'illustres défenseurs, comme Cimabué, Guido et Duccia de Sienne, la peinture décorative trouve le génie national prêt à favoriser son développement.

La Toscane est le berceau de la grande peinture gothique, avec ses deux écoles jumelles, nées à la fin du XIIIe siècle : l'école réaliste de Florence, et l'école idéaliste de Sienne. La première, avec Giotto, interprète l'histoire de la légende divine, et ne se laisse aller au mysticisme que pour traduire le génie de Dante. La seconde, ayant à sa tête Simone di Martino (dit Memmi), s'attache à l'expression des sentiments et châtie davantage la forme. Le dernier représentant de cette école est, au XVe siècle, Fra Giovanni Angelico, le peintre par excellence de la pureté séraphique. Les écoles italiennes du XVe siècle, qui inaugurent l'art moderne, marchent, d'ailleurs, à la tête du mouvement décoratif; l'ampleur des compositions exécutées crée un art monumental, inspiré non plus de l'art grec ou romain, mais de la nature elle-même, de la nature étudiée, comprise et traduite avec autant d'éclat que de vérité. C'est ainsi que, lorsqu'ils ont à représenter une scène biblique ou évangélique, les artistes italiens n'hésitent pas à revêtir les personnages sacrés de leurs propres costumes, et à leur prêter leur propre visage. Botticelli et Mantegna nous en fournissent d'incontestables preuves dans les œuvres nées de leur génie robuste. Le XVIe siècle connut l'époque la plus glorieuse de la peinture décorative en Italie; comme les maîtres qui sont l'honneur de la Renaissance étaient vraiment sûrs de la forme, ils se préoccupèrent de donner l'assaut à l'idéal, et l'on sait avec quelle fécondité triomphante l'art, dans ce qu'il a de plus vivant, de plus grandiose, de plus élevé, fut servi par des peintres tels que : Léonard de Vinci, Michel-Ange, Fra Bartolommeo, Andrea del Sarte, Raphaël, Le Corrége, Le Giorgione, Titien, Le Tintoret, Paul Véronèse, etc., etc.

Pendant les mêmes siècles, dans le Nord de l'Europe, la peinture, pour n'avoir pas l'éclat de la peinture italienne, ne mérite pas moins un souvenir; si elle présente moins de science et de goût, elle a conservé de la naïveté et une belle ardeur de sincérité; elle sait régler sa fantaisie, sans cependant perdre de son humeur, si particulièrement vraie, dans les compositions de mysticisme macabre; enfin, son inspiration est élevée, et le peuple, rude d'instincts, peut la comprendre et s'y attendrir. La Flandre, avec Hubert van Eyck, l'initiateur de la peinture à l'huile, et van der Weyden; l'Allemagne, avec Lucas Moser, Zeitblau, Holbein et Albert Dürer; la France, avec J. Fouquet et Jean Cousin; l'Espagne, avec Luis Morales et Vicente Joanez, ont laissé des traces immortelles dans l'histoire de la peinture décorative au XV^e^ et au XVI^e^ siècle.

Au XVII^e^ siècle, la peinture décorative a encore de belles heures, grâce à l'originalité des artistes qui la cultivent, soit dans le sens d'un idéalisme pieux, comme Le Guide en Italie, Murillo en Espagne et Nicolas Poussin en France; soit dans le sens d'un réalisme puissant, plein de vie, de fougue et d'audace, comme Velasquez en Espagne, Rembrandt et Rubens dans les Flandres.

C'est la coquetterie joyeuse et un peu affadie qui domine dans la peinture décorative, exilée du XVIII^e^ siècle, si ce n'est dans Watteau, Fragonard et Boucher. Le pinceau ne raconte plus que des églogues dans le plus gracieux des travestissements. Ce n'est plus du grand art : c'est de la fantaisie spirituelle et galante, sans toutefois manquer de distinction; on pourrait dire que les peintres de cette époque ont été les petits-fils de la Renaissance, mais des petits-fils peu soucieux de conserver intact le patrimoine héréditaire.

Enfin, au XIX^e^ siècle, s'il y a beaucoup de peintres décorateurs, il n'y a pas, à proprement parler, une marque spéciale de peinture décorative. La grande peinture décorative est devenue, en effet, la grande peinture d'histoire avec David, Antoine Gros, Géricault, Delacroix, Ingres, Horace Vernet et Flandrin, et cette étude sortirait de notre cadre. Deux artistes contemporains ont pourtant donné, chacun de leur côté, une formule décorative à eux appartenant, je veux nommer MM. Paul Baudry et Puvis de Chavannes.

Dans l'Extrême-Orient, la Chine et le Japon présentent chacun une peinture décorative très caractérisée, dont les étapes à travers les siècles mériteraient une longue étude. L'art japonais, surtout, est un art décoratif par essence, et sa faune et sa flore concourent avec de curieux caprices de perspective et de couleur à produire des effets d'une rare séduction décorative.

Et nous voici au terme de notre travail. Puissent ces notions très succinctes aider ceux qui s'y reporteront, dans l'intelligence des documents qui vont suivre.

L. Roger-Milès.

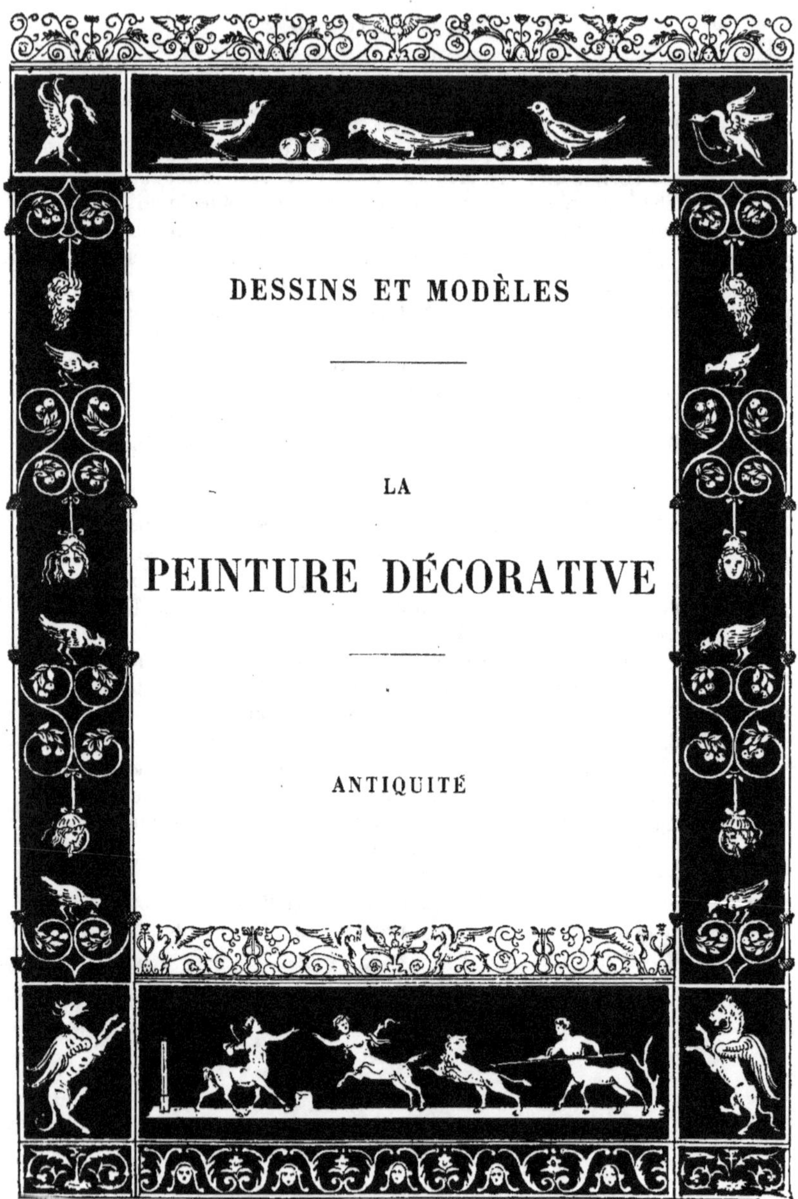

## DESSINS ET MODÈLES

# LA
# PEINTURE DÉCORATIVE

## ANTIQUITÉ

ENCADREMENT COMPOSÉ D'APRÈS DES FRESQUES DE POMPÉI.

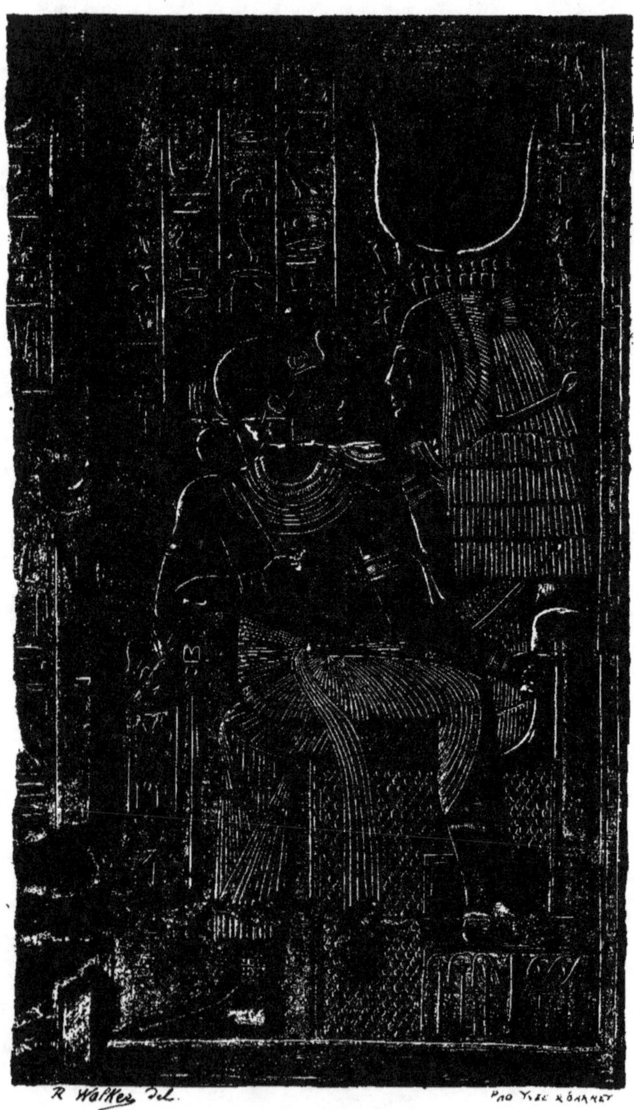

LE PHARAON SÉTI I^er PROTÉGÉ PAR ISIS.

(Temple à Abydos.)

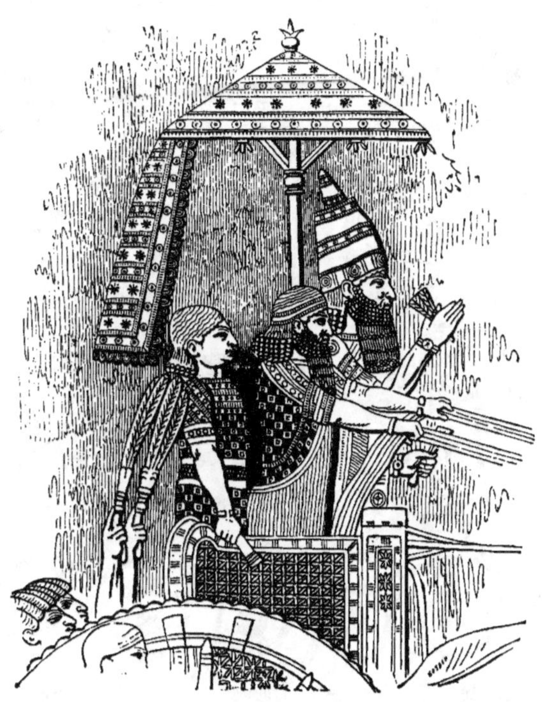

ASSOURBANIPAL, ROI D'ASSYRIE.

(D'après un bas-relief du Musée du Louvre.)

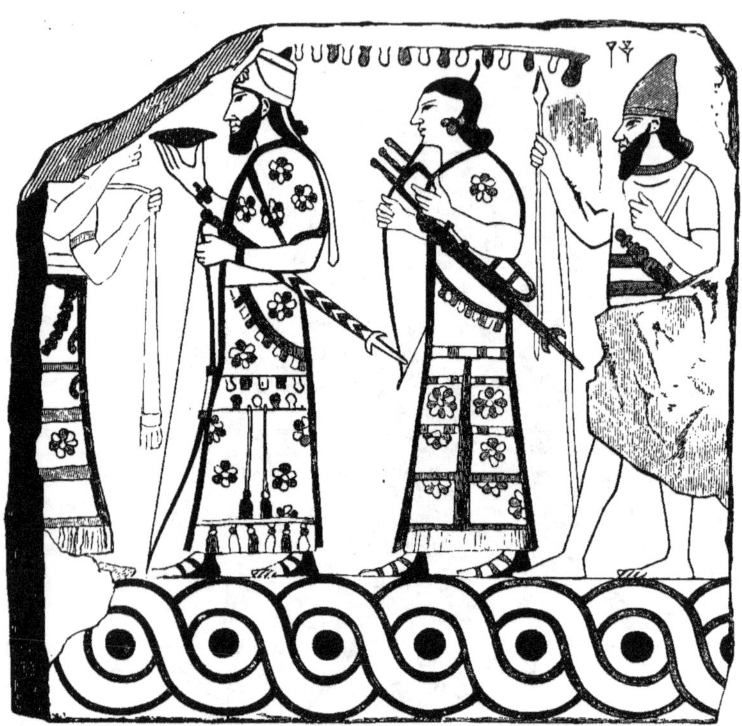

BRIQUE ÉMAILLÉE ASSYRIENNE.

(Musée Britannique.)

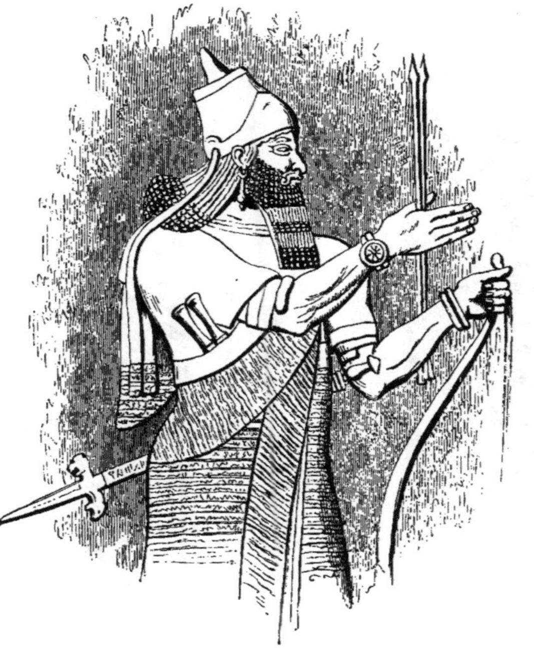

ASSOURNASIRPAL, ROI D'ASSYRIE.

(D'après un bas-relief du Louvre.)

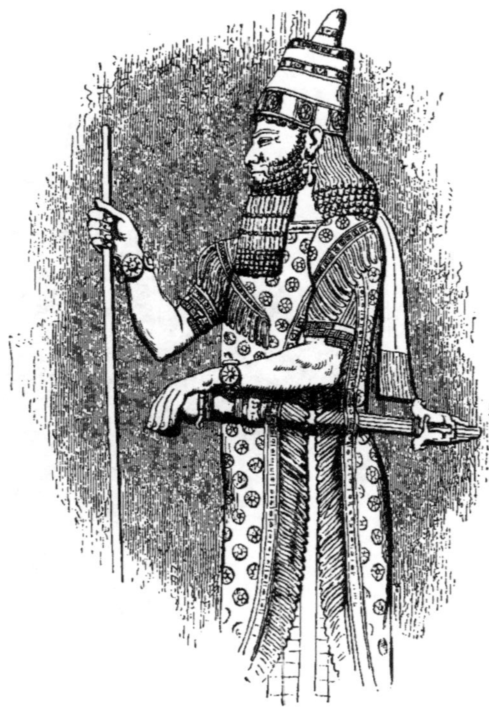

SARGON, ROI D'ASSYRIE.

(D'après un bas-relief du Louvre.)

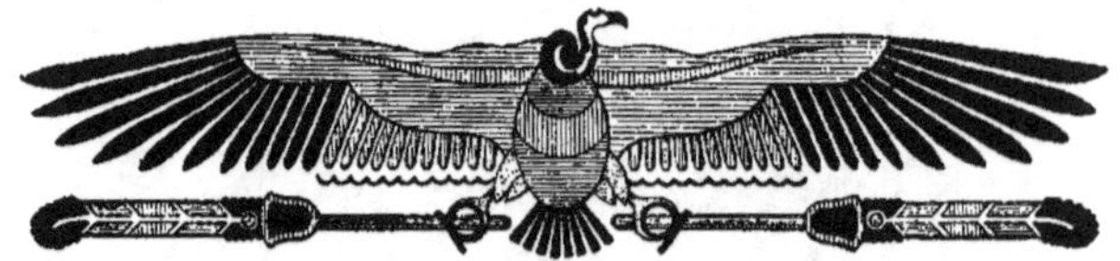

VAUTOUR (EMBLÈME ÉGYPTIEN).

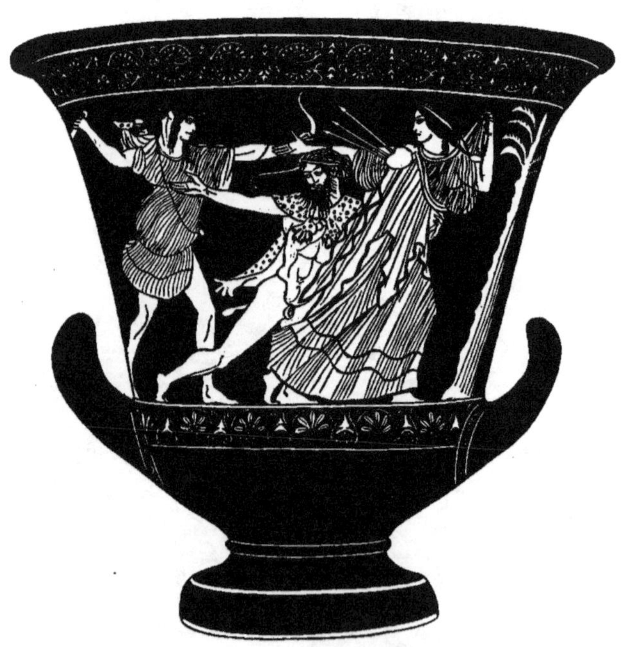

LE GÉANT TITYE TUÉ PAR APOLLON.

(Vase grec du Musée du Louvre.)

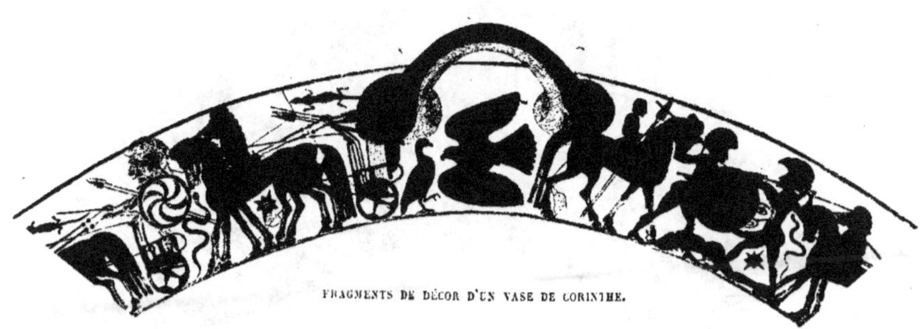

FRAGMENTS DE DÉCOR D'UN VASE DE CORINTHE.

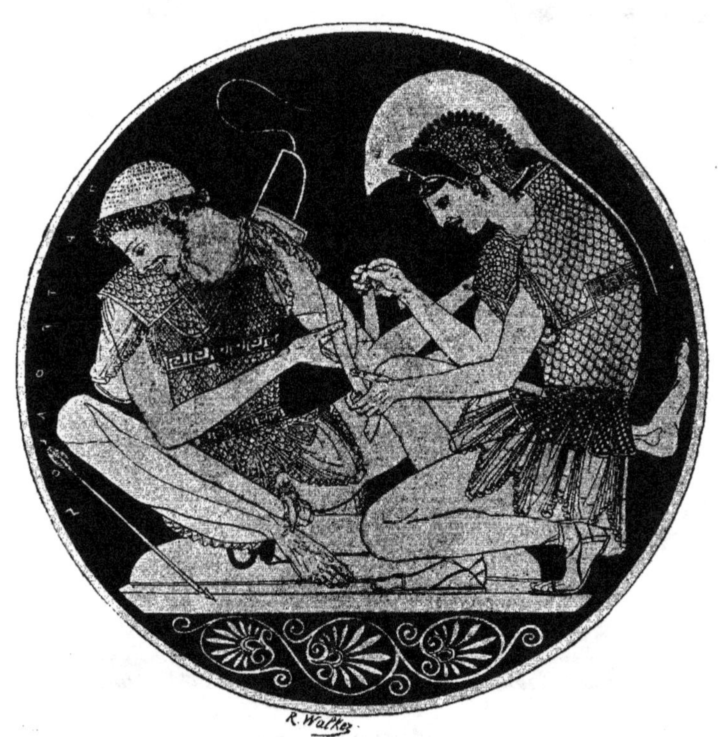

ACHILLE PANSANT PATROCLE BLESSÉ.

(Fond d'une coupe de Sosias. — Musée de Berlin.)

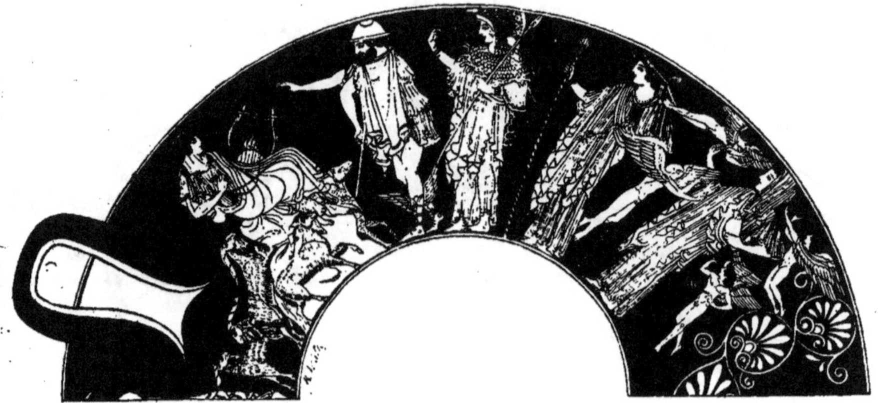

LE JUGEMENT DE PARIS.

(Fragment de la peinture d'une coupe de Hiéron.)

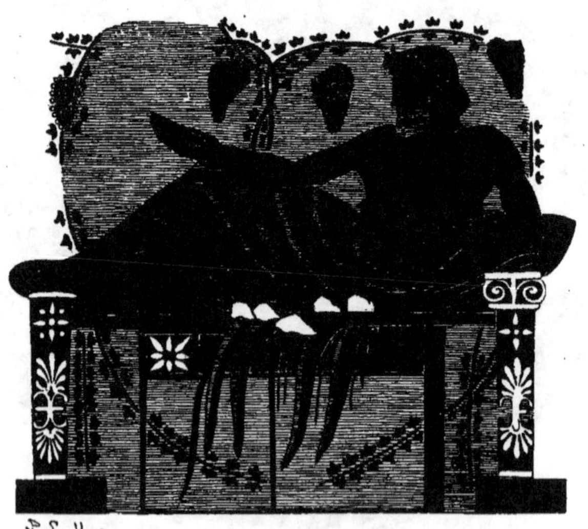

HERCULE SUR UN LIT DE FESTIN.

(D'après un vase grec du Louvre.)

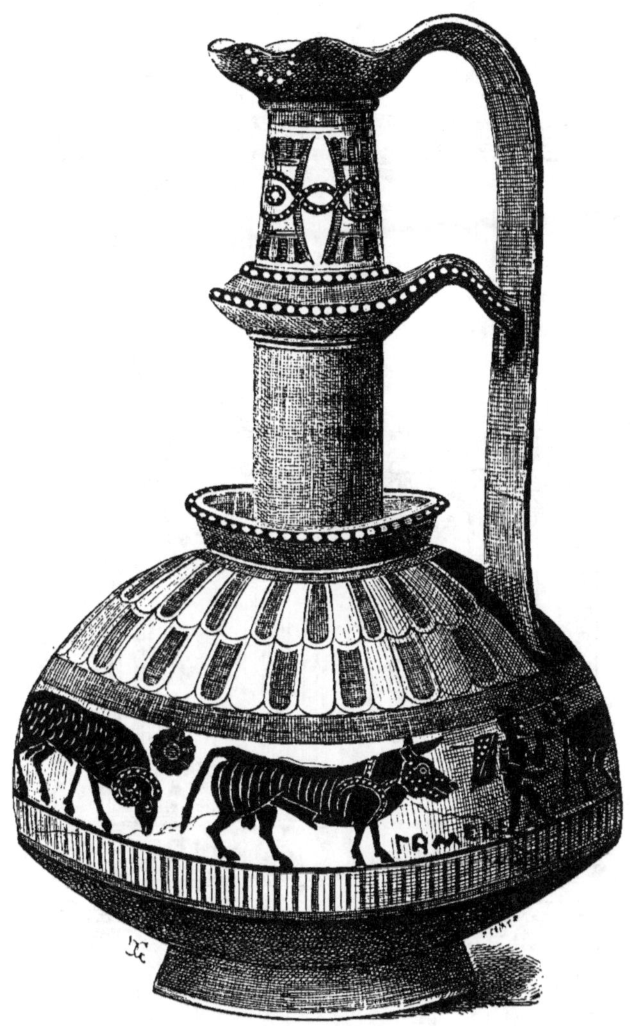

ŒNOCHOÉ DE GAMÉDÈS.

(Fabrique de Tanagra.)

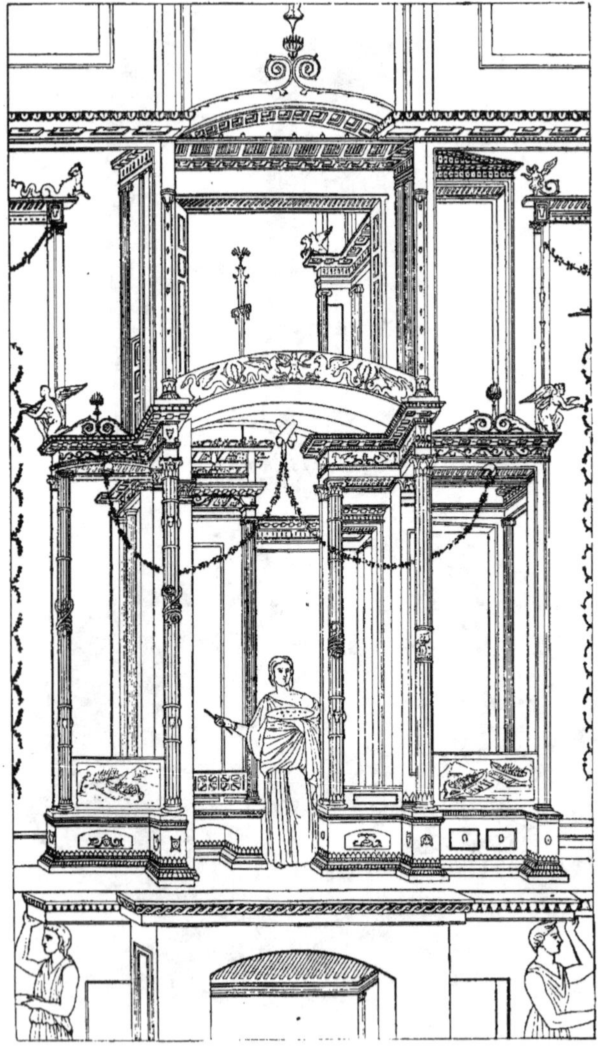

MAISON DU PEINTRE.

(Peinture pompéienne.)

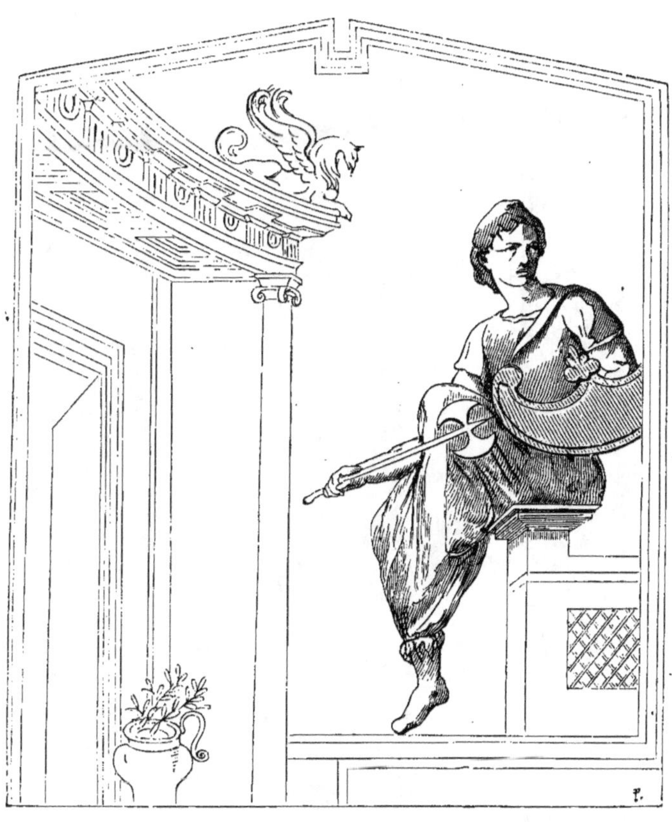

AMAZONE.

(Peinture de Pompéi.)

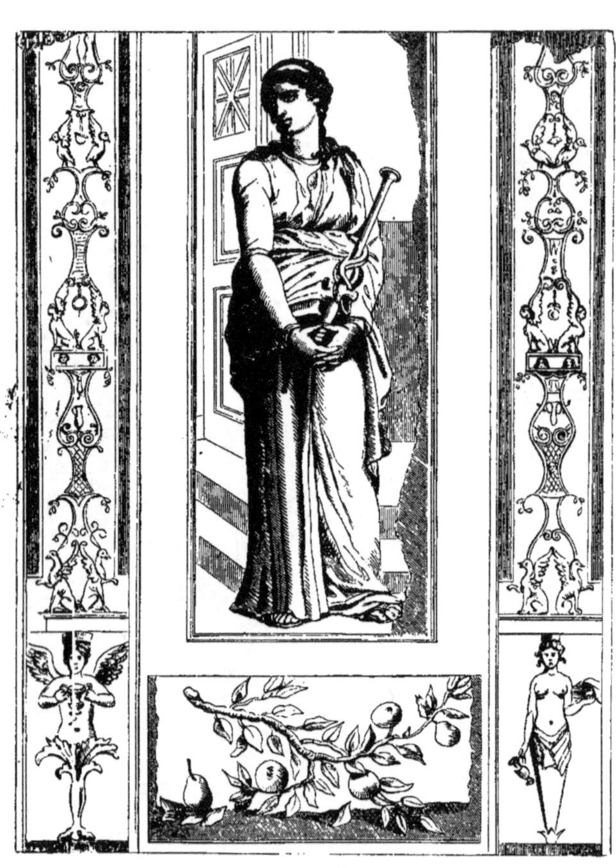

DIDON.

(Peinture de Pompéi.)

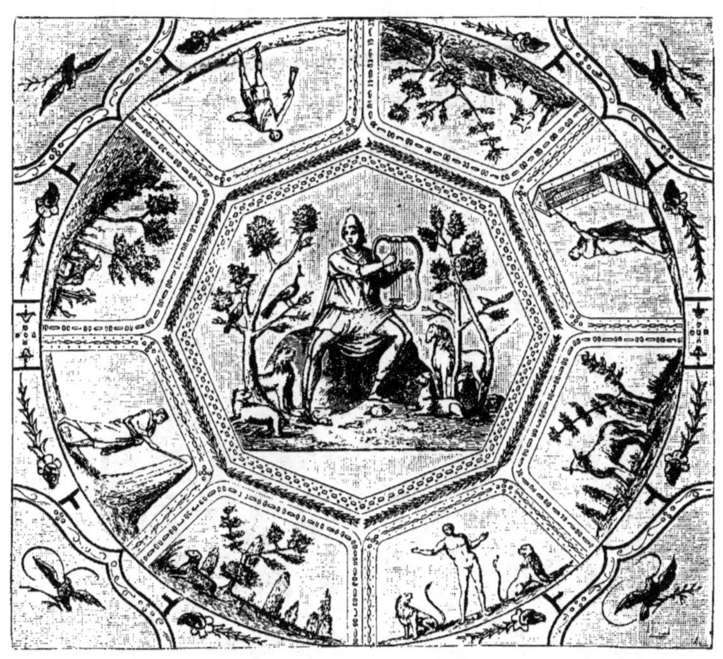

ORPHÉE.

(Cimetière de la voie Ardéatine.)

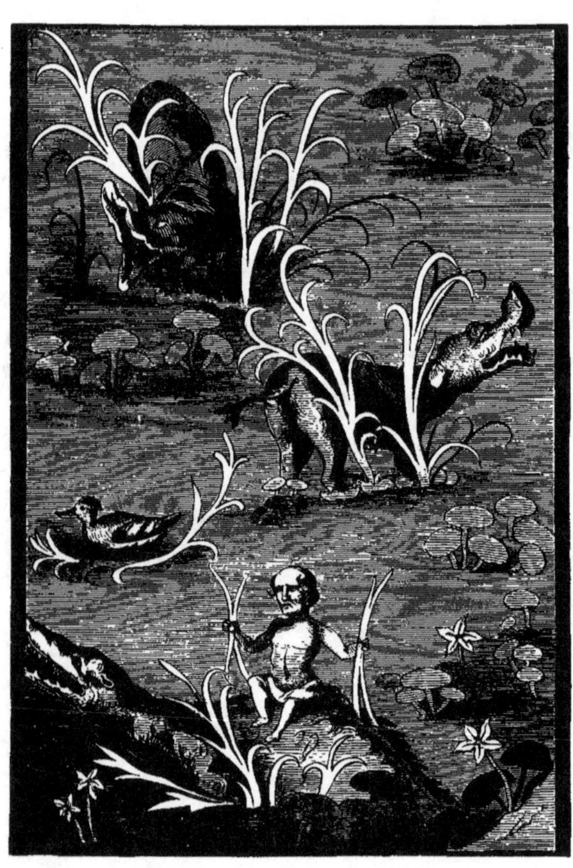

LES PYGMÉES.

(D'après une fresque antique de Pompéi.)

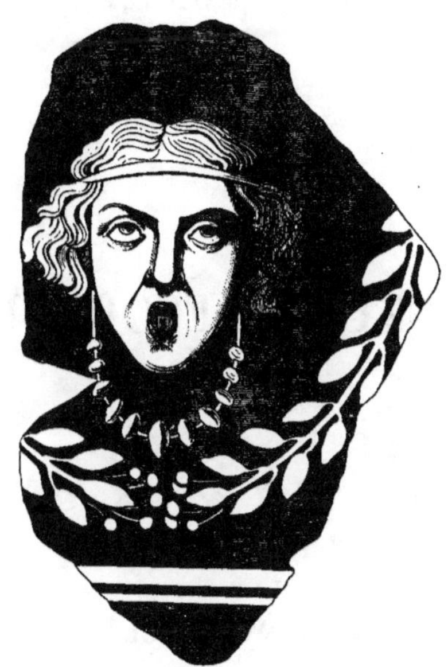

MASQUE ANTIQUE.

(Fragment d'une peinture de Pompéi.)

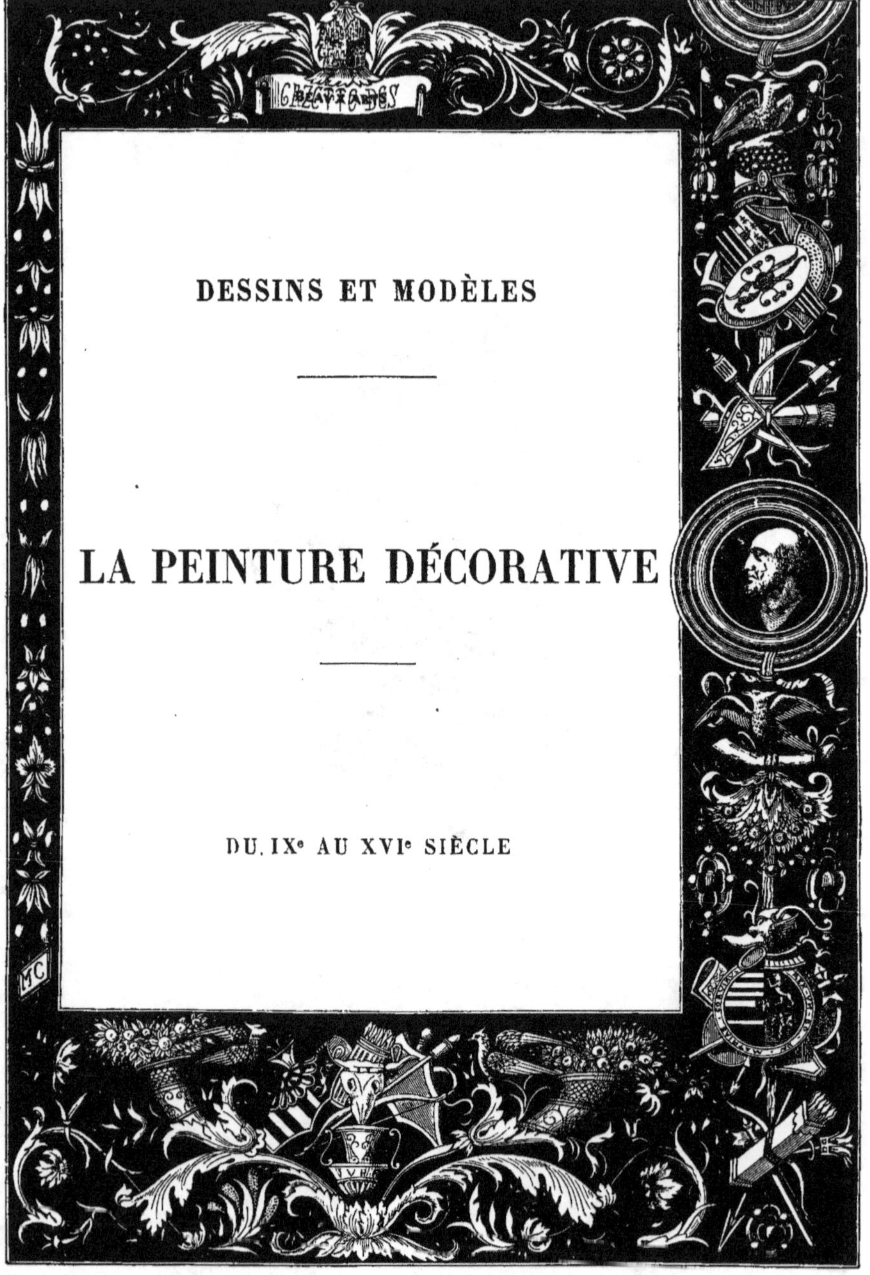

DESSINS ET MODÈLES

# LA PEINTURE DÉCORATIVE

DU IXe AU XVIe SIÈCLE

ENCADREMENT TIRÉ D'UN MANUSCRIT ITALIEN DE MATHIAS CORVIN. — XVe SIÈCLE.

(Bibliothèque Nationale.)

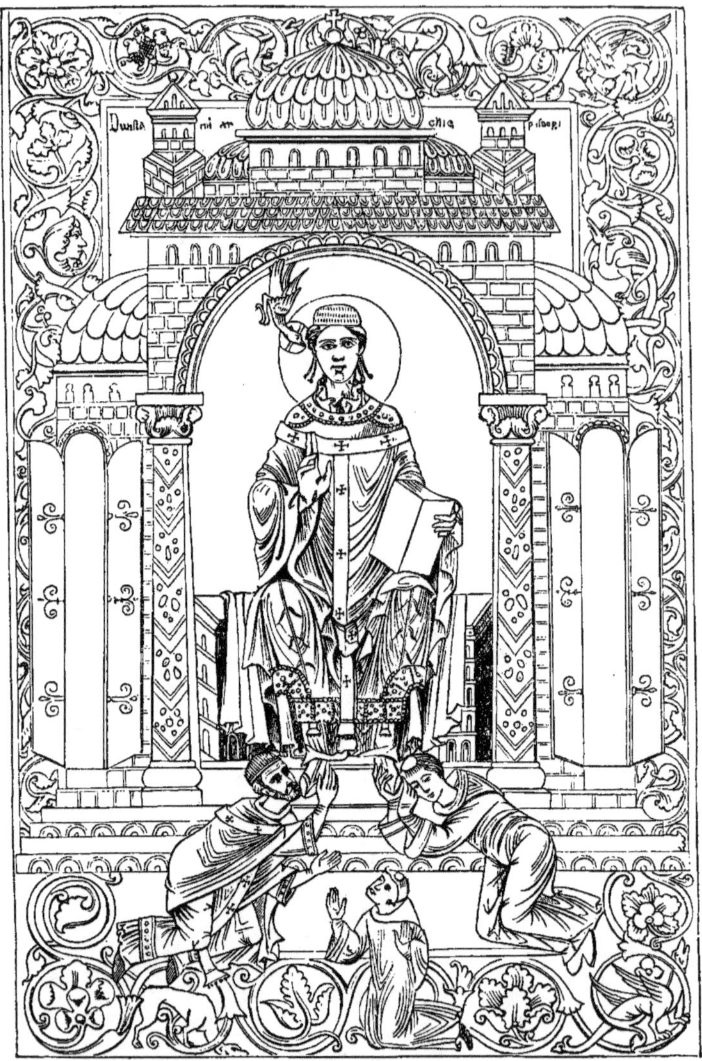

SAINT DUNSTAN AUX PIEDS DE SAINT GRÉGOIRE.

(Dessin de Saint Dunstan. — xe siècle.)

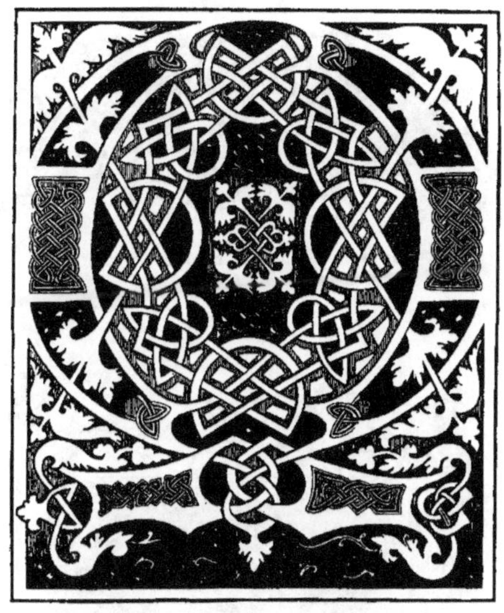

LETTRE Q TIRÉE D'UN ÉVANGÉLIAIRE DE CHARLEMAGNE.

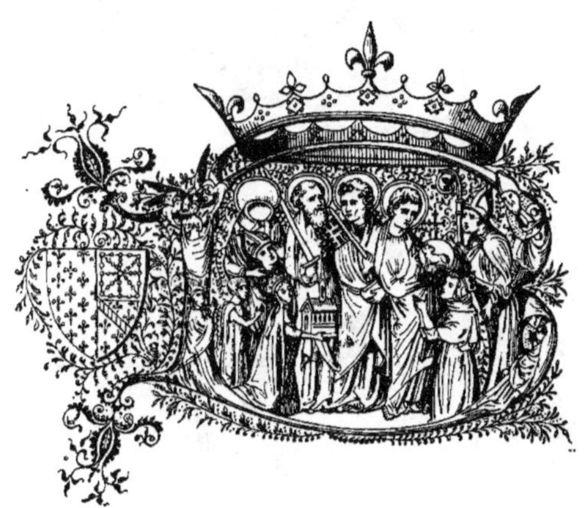

BLANCHE DE NAVARRE OFFRANT UN ÉDIFICE A DIEU ET A SES SAINTS.

(D'après une charte de 1372, aux Archives nationales.)

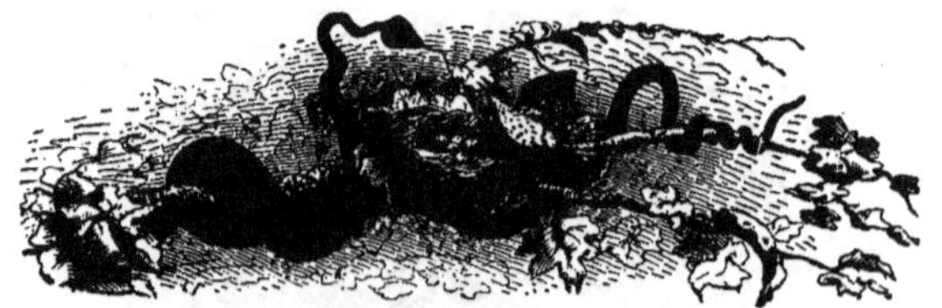

CUL-DE-LAMPE TIRÉ D'UN MANUSCRIT DU XV$^{e}$ SIÈCLE.

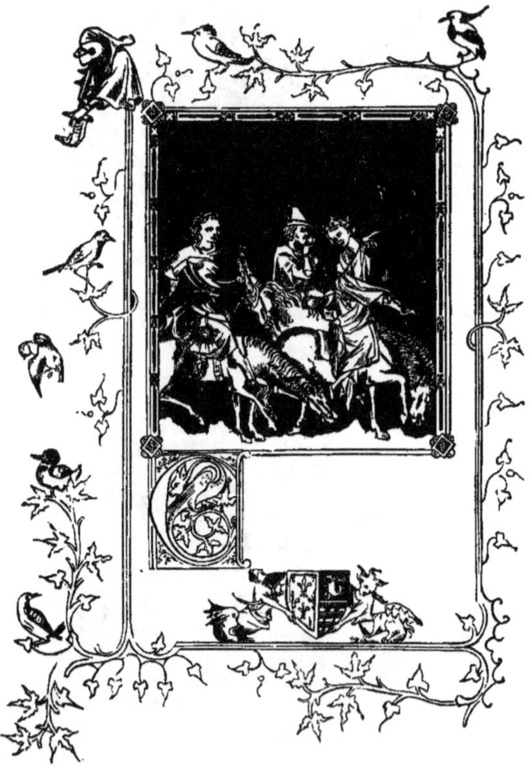

LES TROIS VIFS TIRÉS D'UN PSAUTIER DE BONNE DE LUXEMBOURG. — XIV$^{e}$ SIÈCLE.

(Collection de M. A. Firmin-Didot.)

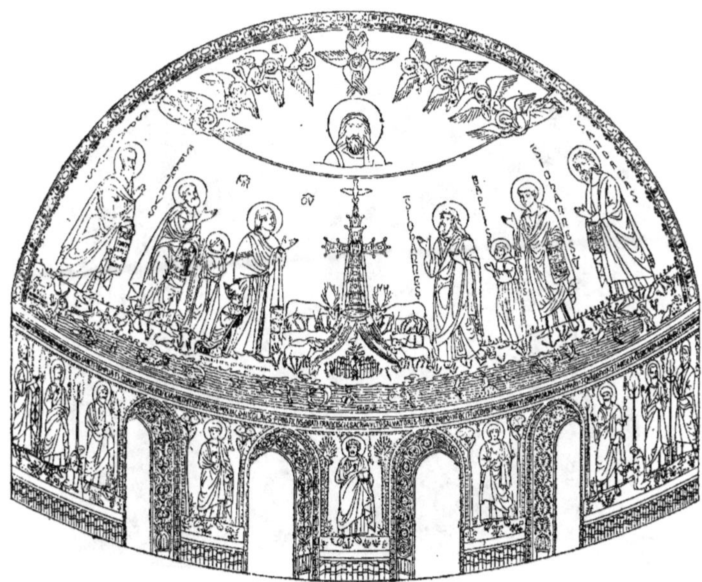

MOSAÏQUE DE L'ABSIDE DE SAINT-JEAN-DE-LATERAN.

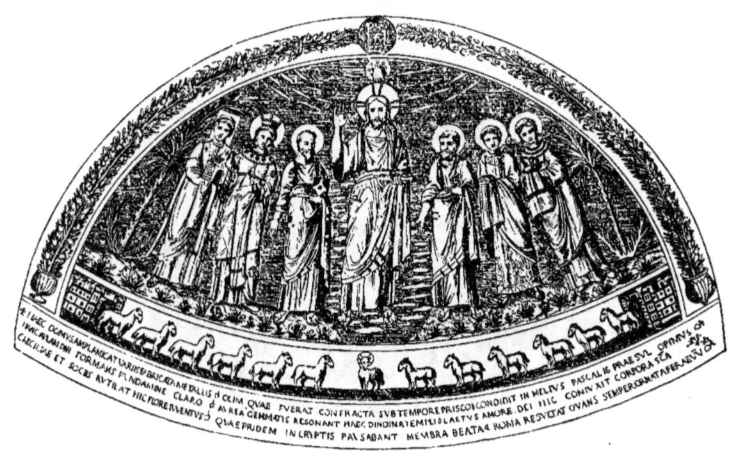


MOSAÏQUE DU IX$^{e}$ SIÈCLE.

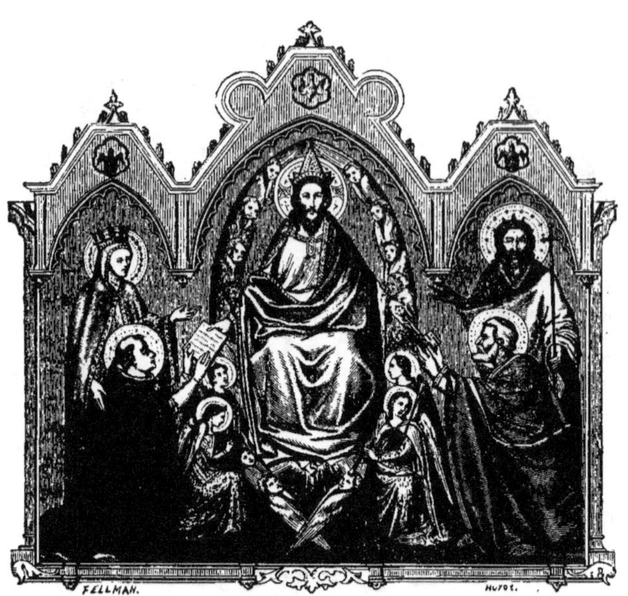


LE CHRIST ENTOURÉ DE LA COUR CÉLESTE, PAR ORCAGNA.

(Église Santa-Maria-Novella, à Florence.)

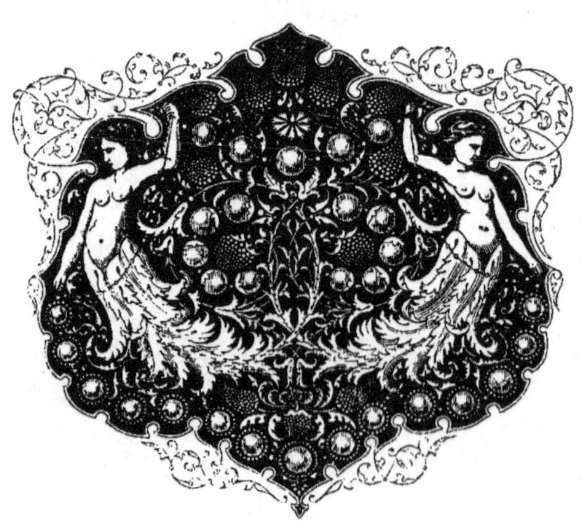

CUL-DE-LAMPE TIRÉ D'UN MANUSCRIT ITALIEN AYANT APPARTENU A MATHIAS CORVIN.

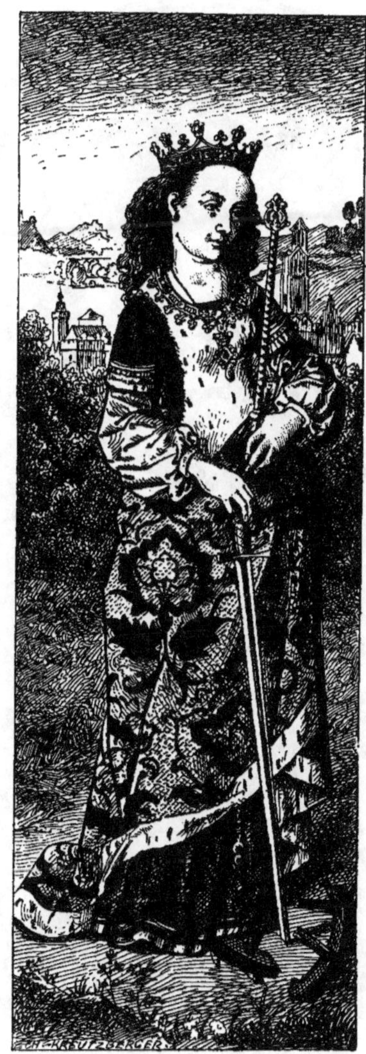

SAINTE CATHERINE, PAR MEMLING.

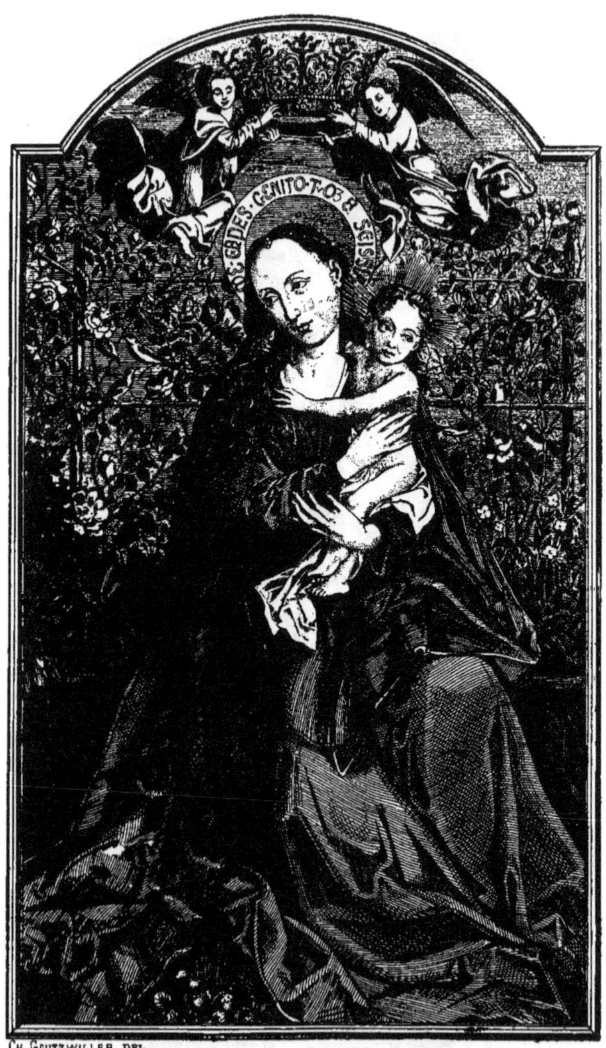


LA VIERGE ENCADRÉE DE ROSES, PAR MARTIN SCHÖNGAUER.

(Église Saint-Martin, à Colmar.)

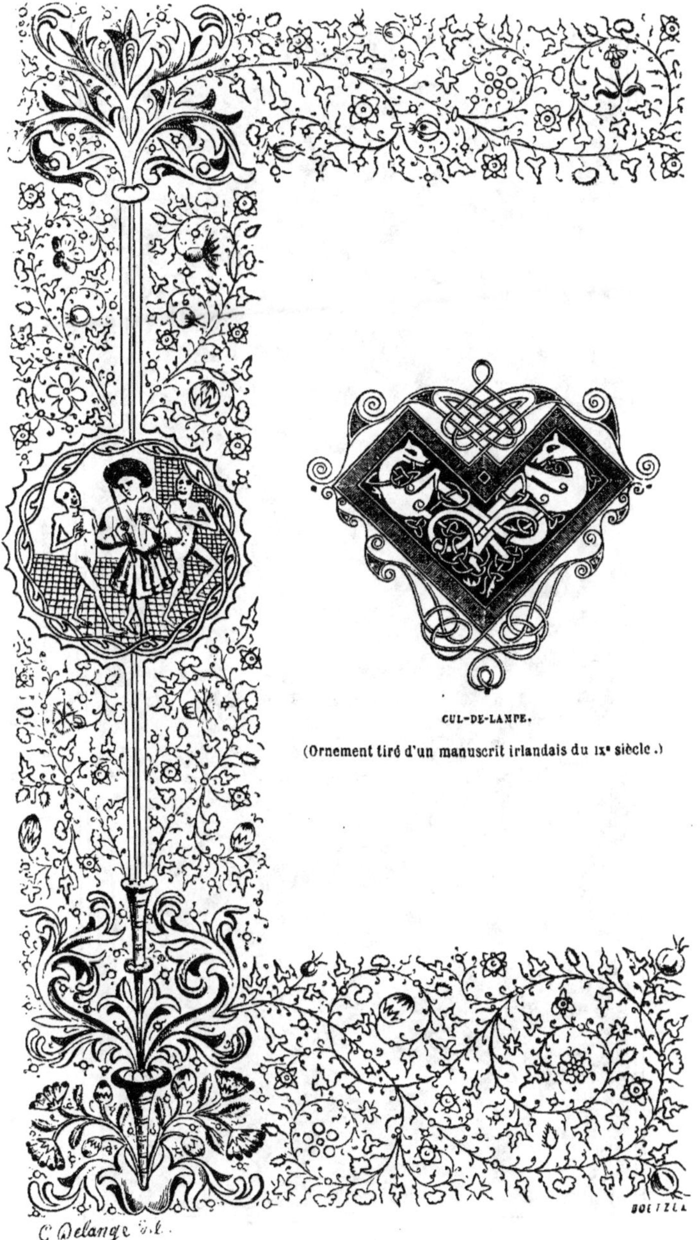
CUL-DE-LAMPE.

(Ornement tiré d'un manuscrit irlandais du IXe siècle.)

C. Delange del. BOETZEL

ENCADREMENT D'UNE PAGE DES GRANDES HEURES DU XVe SIÈCLE.

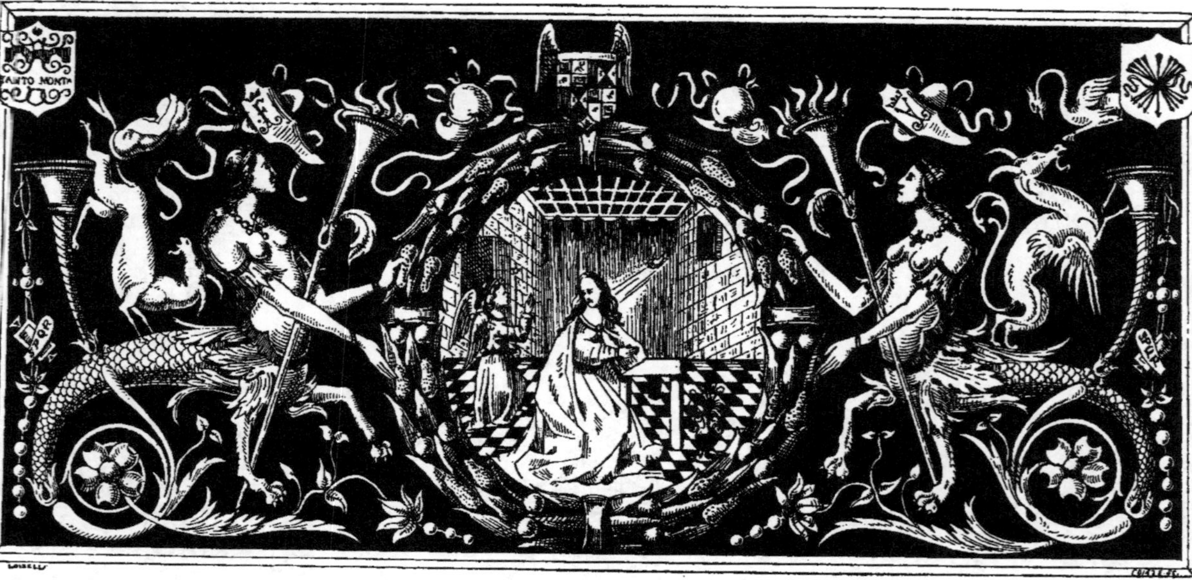


DEVANT D'AUTEL DE LA CAPILLA DE AZULEJOS, A SÉVILLE.

(Peinture sur faïence, par Niculoso Francisco.)

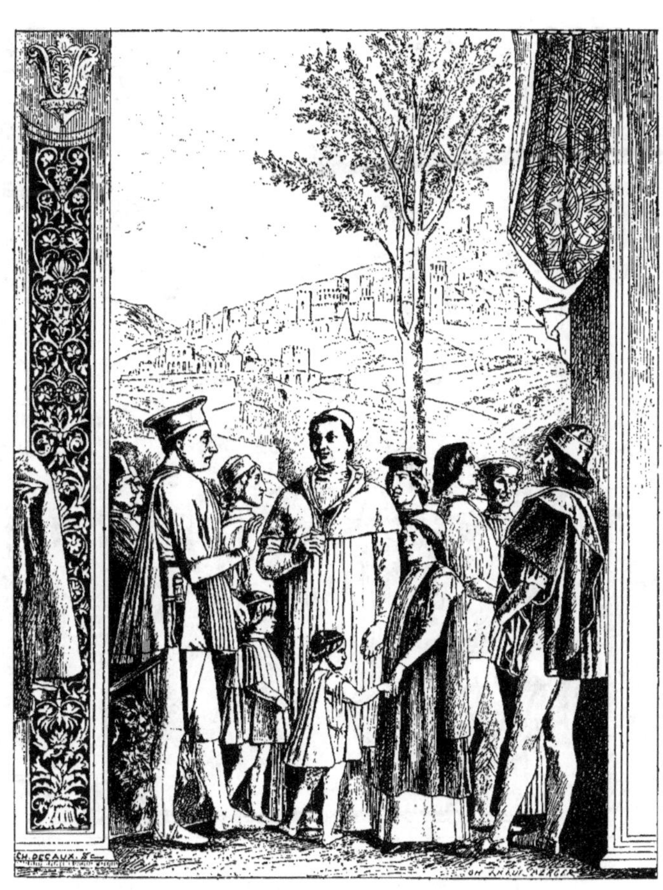

RENCONTRE DU MARQUIS DE GONZAGUE ET DE SON FILS LE CARDINAL FRANÇOIS.

(Fresque d'Andrea Mantegna, au château de Mantoue.)

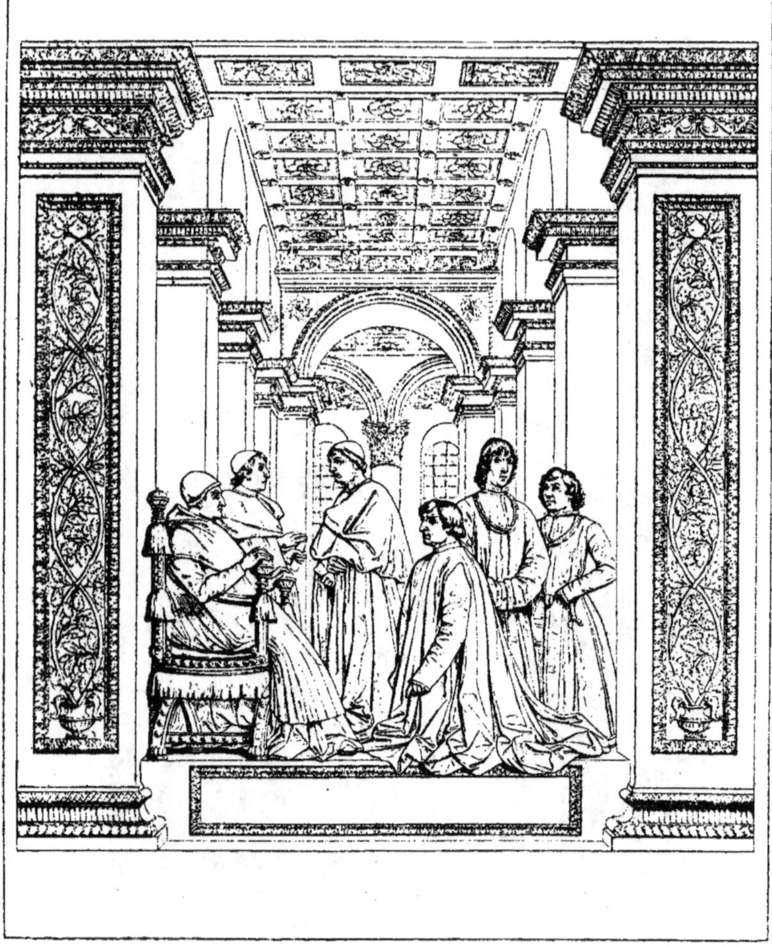

SIXTE IV ET PLATINA.

(Fresque de Melozzo da Forli, à la Bibliothèque du Vatican.)

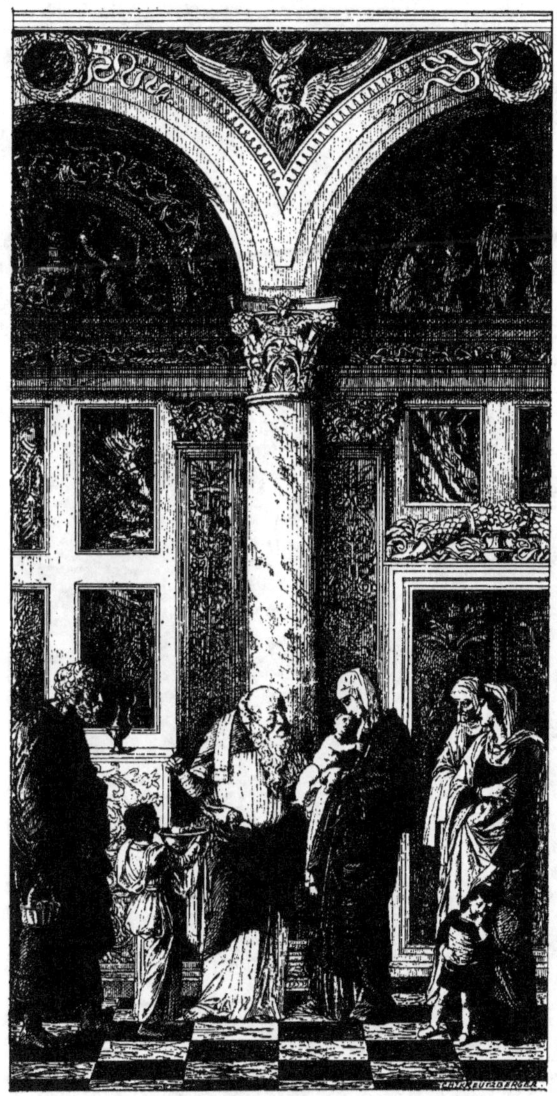

LA CIRCONCISION.

(Volet d'un triptyque de Mantegna. — Musée des Offices.)

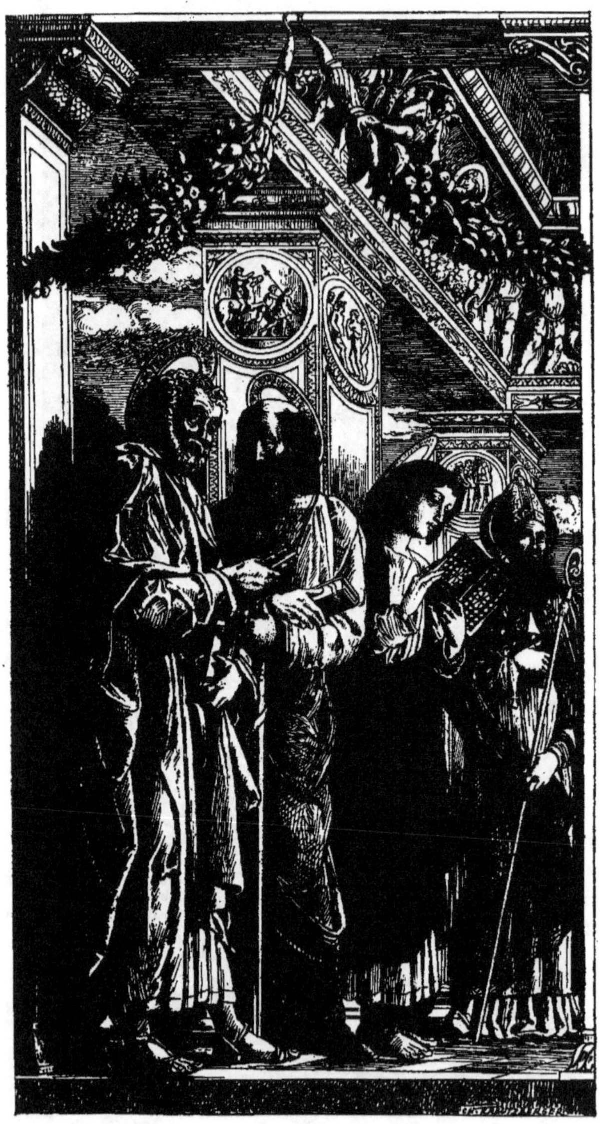

GROUPE DE SAINTS.

(Volet de gauche du rétable de San-Zeno, par Andrea Mantegna.)

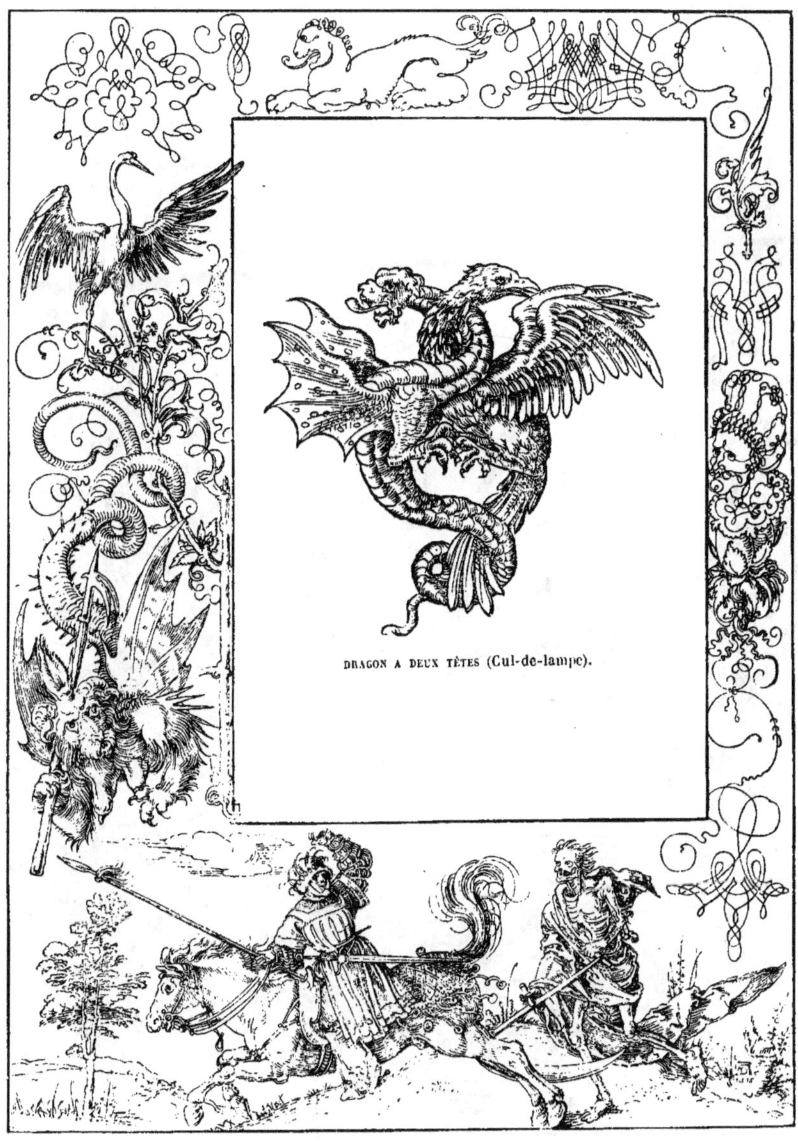

DRAGON A DEUX TÊTES (Cul-de-lampe).

ENCADREMENT EMPRUNTÉ AU LIVRE D'HEURES DE MAXIMILIEN, PAR ALBERT DURER.

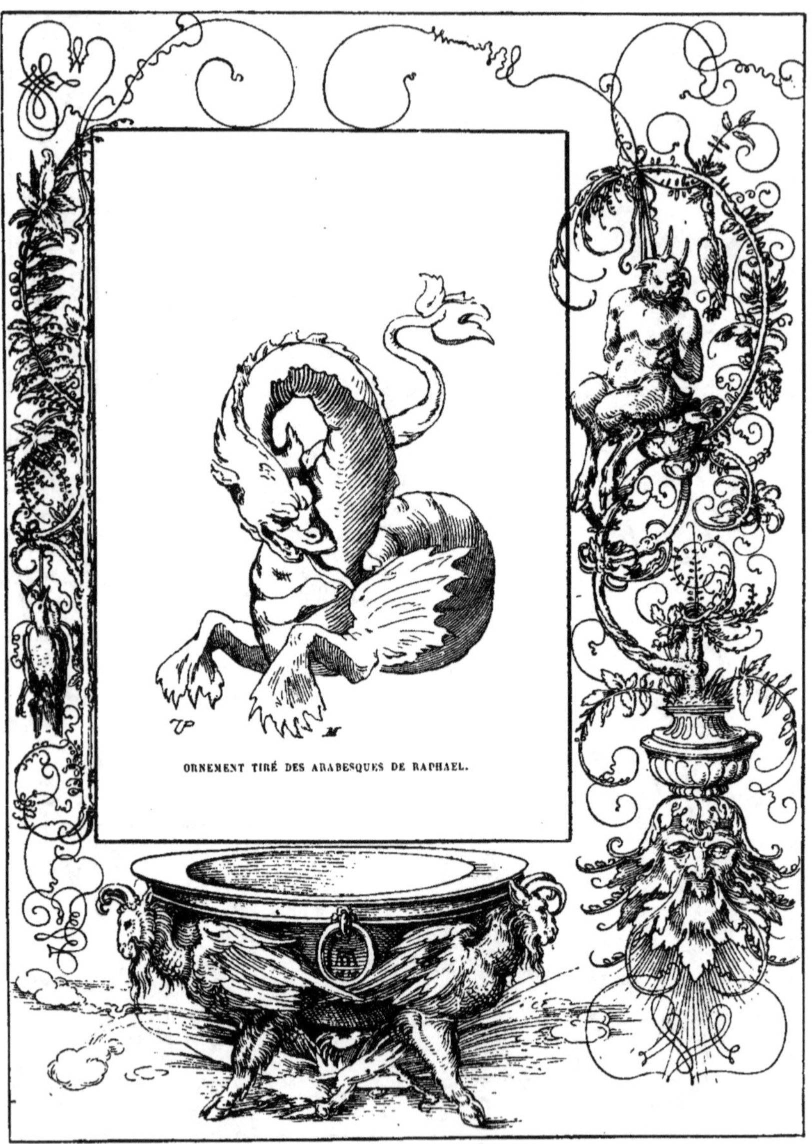
ORNEMENT TIRÉ DES ARABESQUES DE RAPHAEL.

ENCADREMENT DE PAGE TIRÉ DU LIVRE D'HEURES DE MAXIMILIEN, PAR ALBERT DURER.

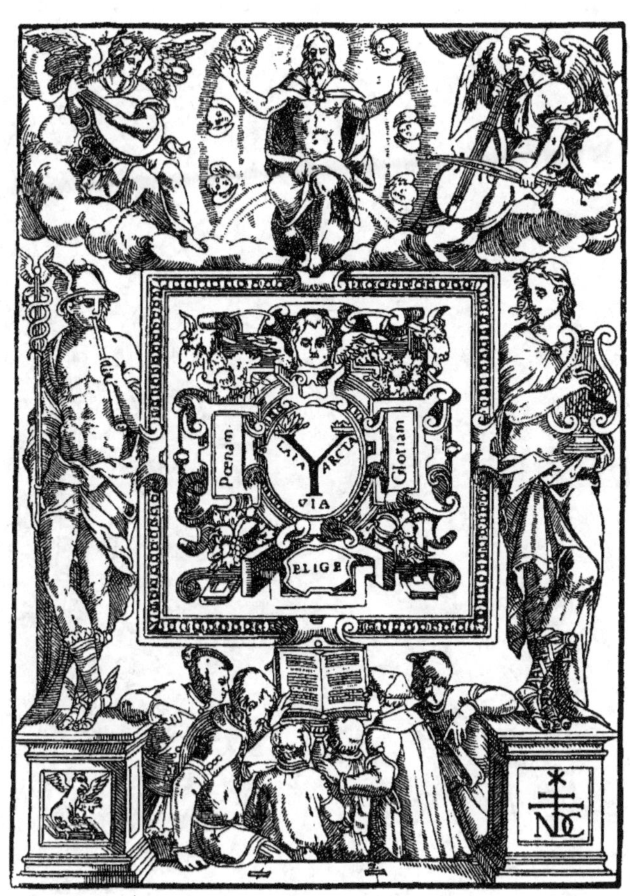


MARQUE DE NICOLAS DU CHEMIN, DESSINÉE PAR JEAN COUSIN.

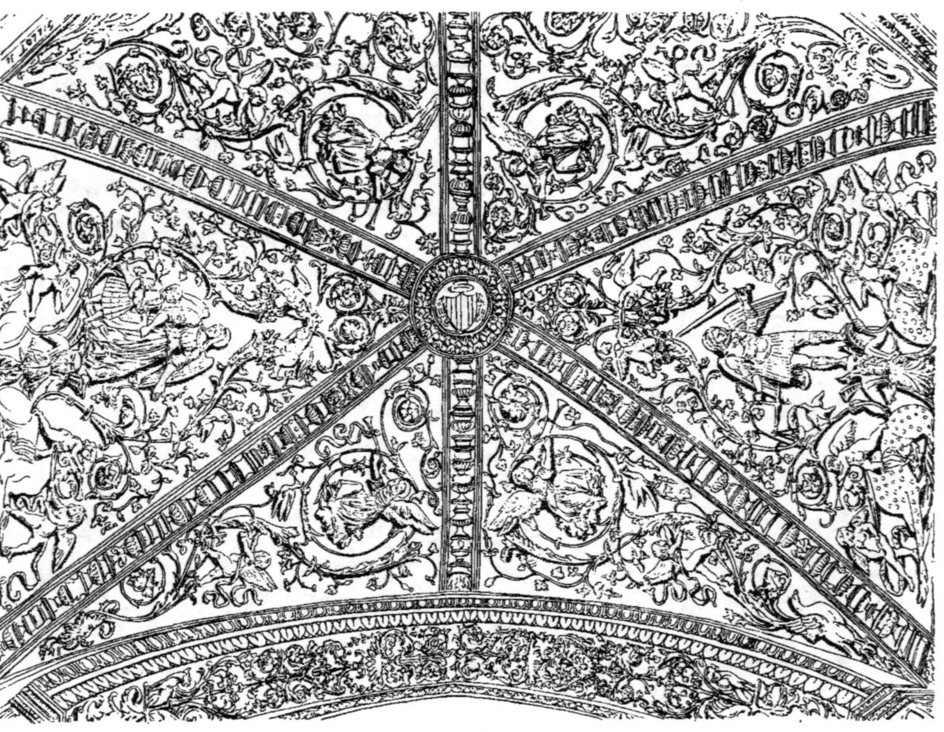

VOUTE DE LA CHAPELLE DES ANGES, A LA CATHÉDRALE D'ALBI.

(Fresque italienne du commencement du XVIe siècle.)

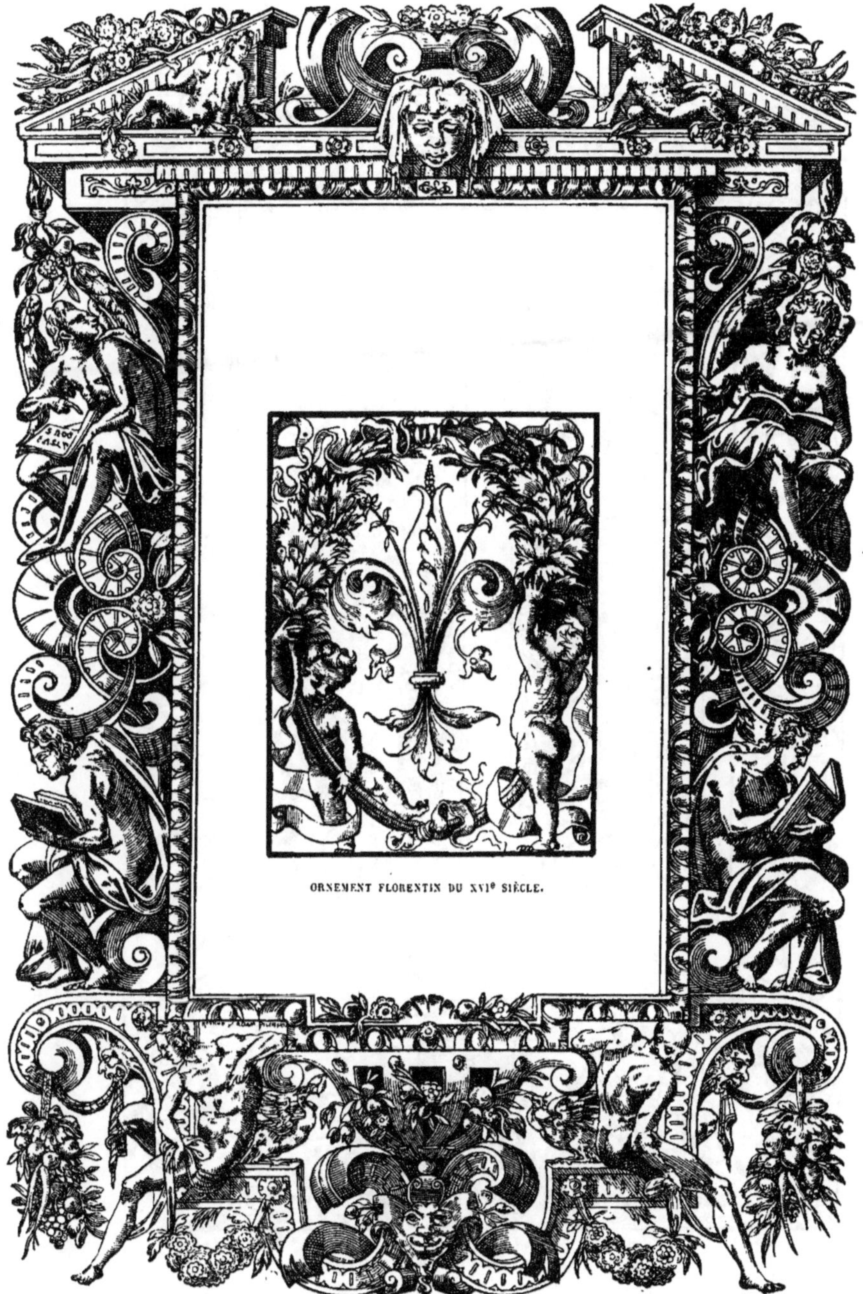

ORNEMENT FLORENTIN DU XVIe SIÈCLE.

ENCADREMENT DE PAGE DANS LE GOUT DE JEAN COUSIN.

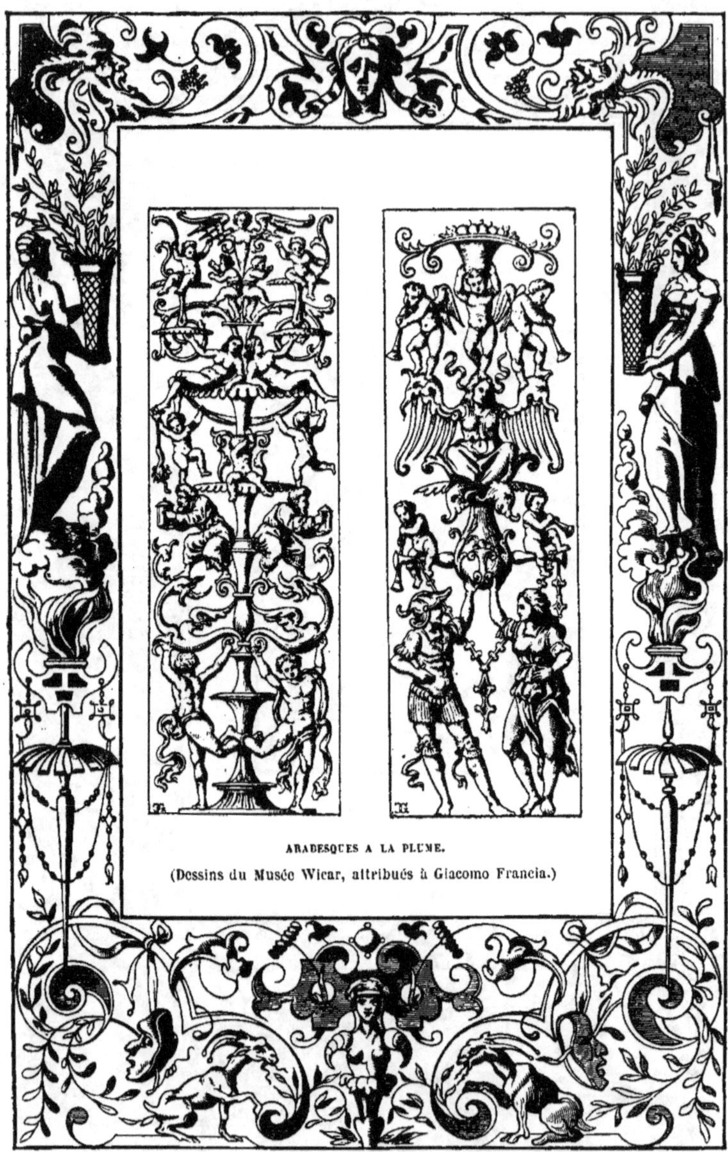

ARABESQUES A LA PLUME.

(Dessins du Musée Wicar, attribués à Giacomo Francia.)

ENCADREMENT, D'APRÈS JEAN DE TOURNES.

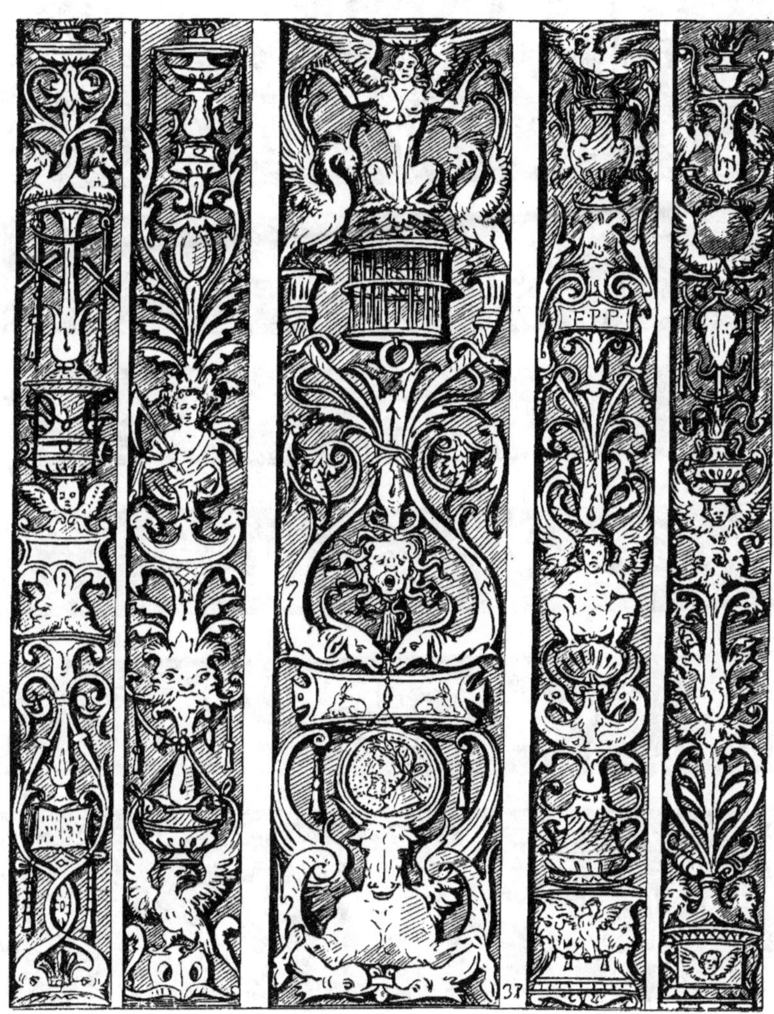


CINQ MONTANTS D'ORNEMENTS, PAR NICOLETO DE MODÈNE.

(Collection de M. E. Galichon.)

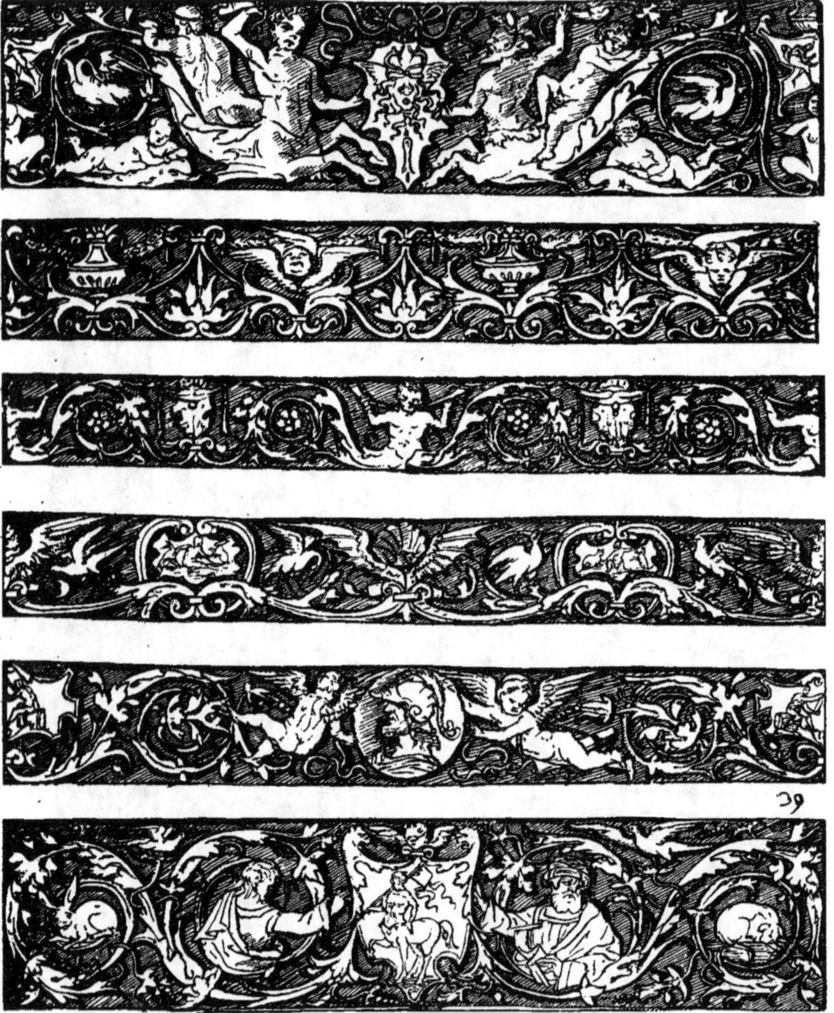

SIX MOTIFS D'ORNEMENTS, PAR NICOLETO DE MODÈNE.

(Collection de M. E. Galichon.)

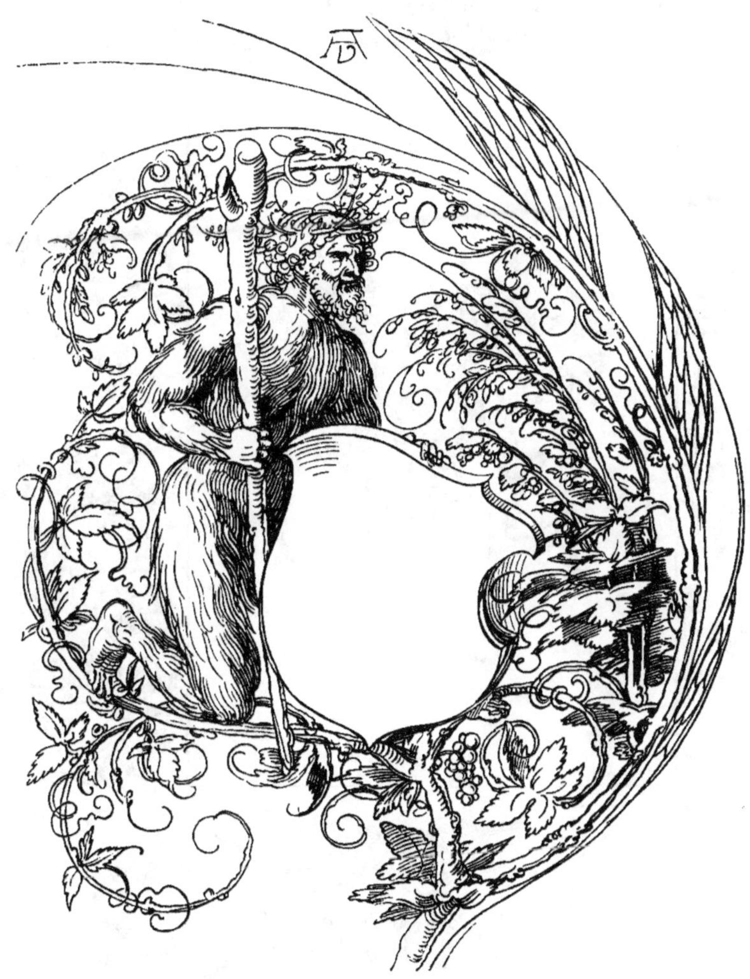

FAC-SIMILÉ D'UN DESSIN D'ORNEMENT, PAR ALBERT DURER.

(Collection de M. Gatteaux.)

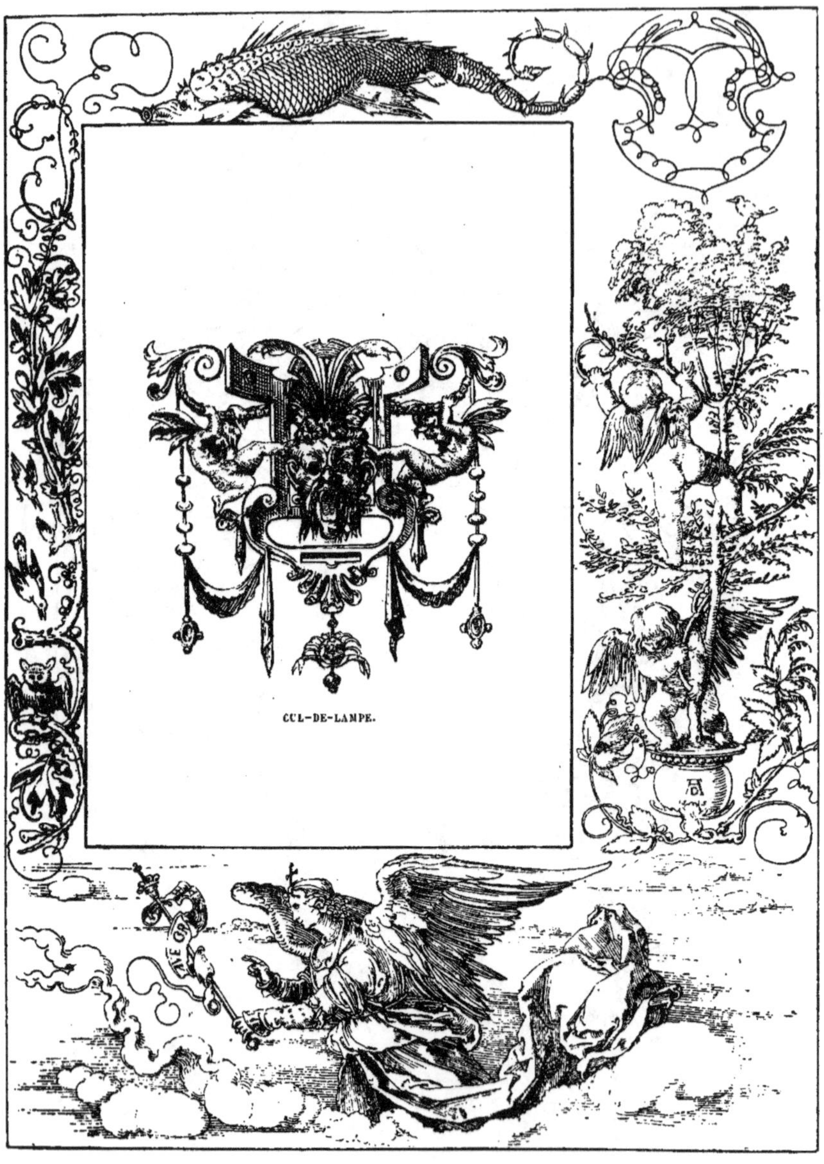


ENCADREMENT DE PAGE TIRÉ DU LIVRE D'HEURES DE MAXIMILIEN, PAR ALBERT DURER.

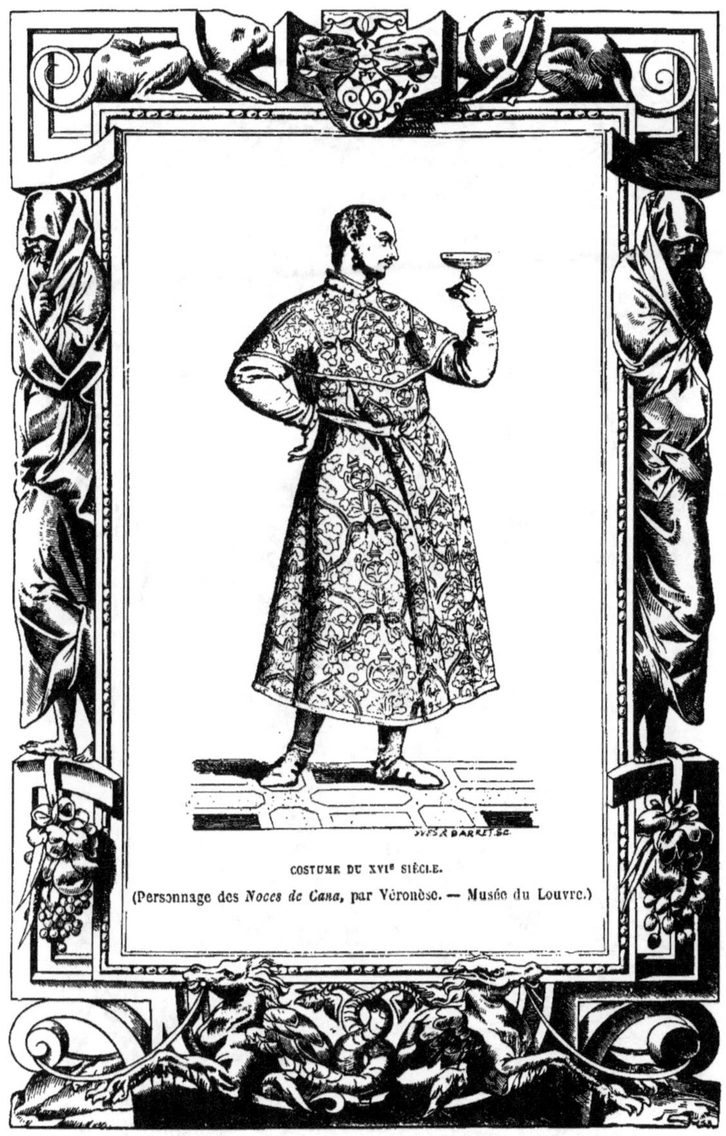

COSTUME DU XVI^e SIÈCLE.

(Personnage des *Noces de Cana*, par Véronèse. — Musée du Louvre.)

ENCADREMENT EMPRUNTÉ A UN LIVRE DE GUILLAUME ROUILLE.

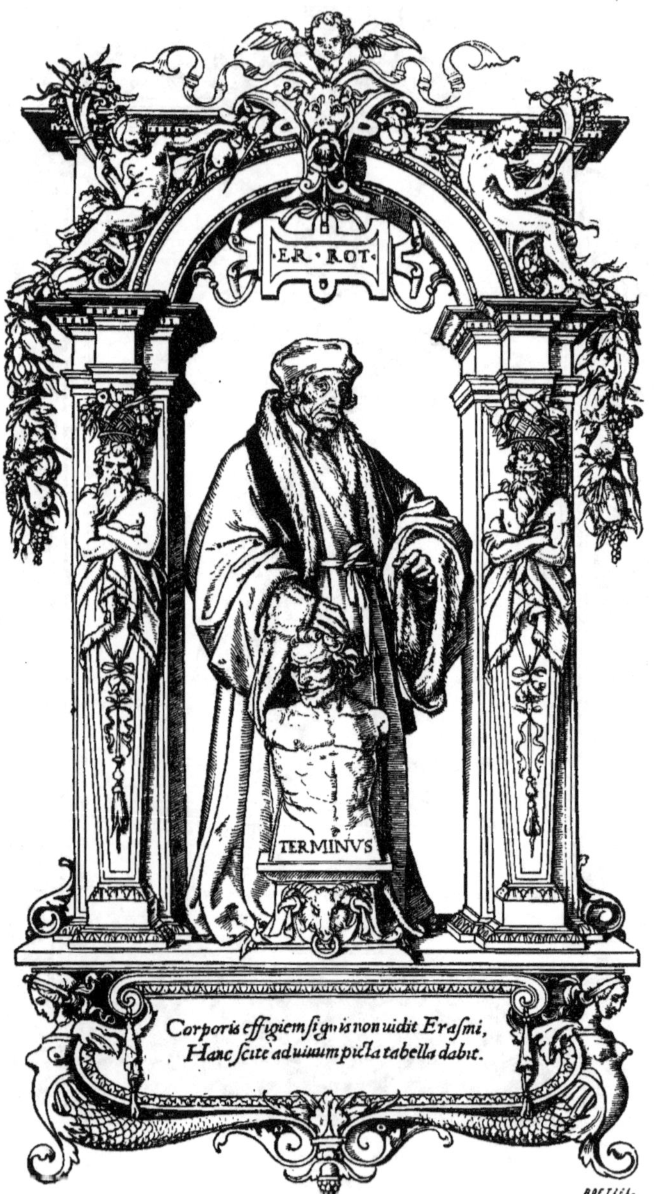


ÉRASME, PAR HOLBEIN.

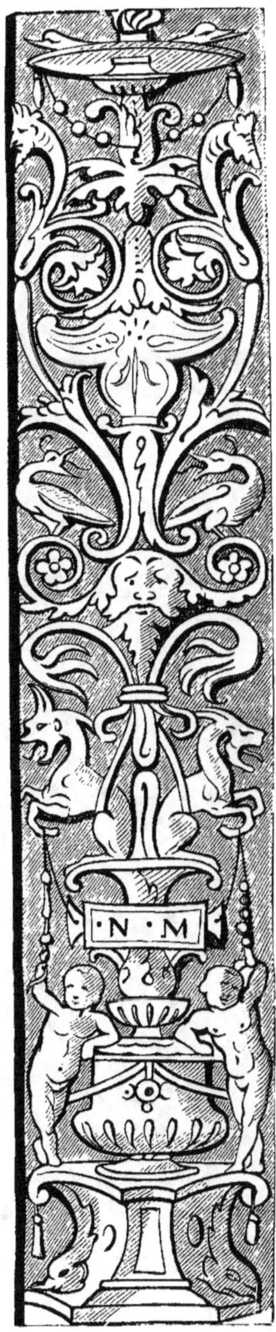


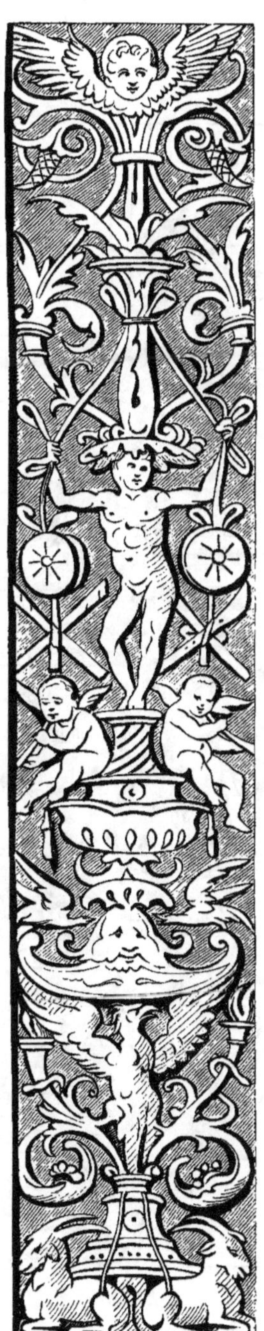

DEUX MONTANTS D'ORNEMENTS, PAR NICOLETO DE MODÈNE.

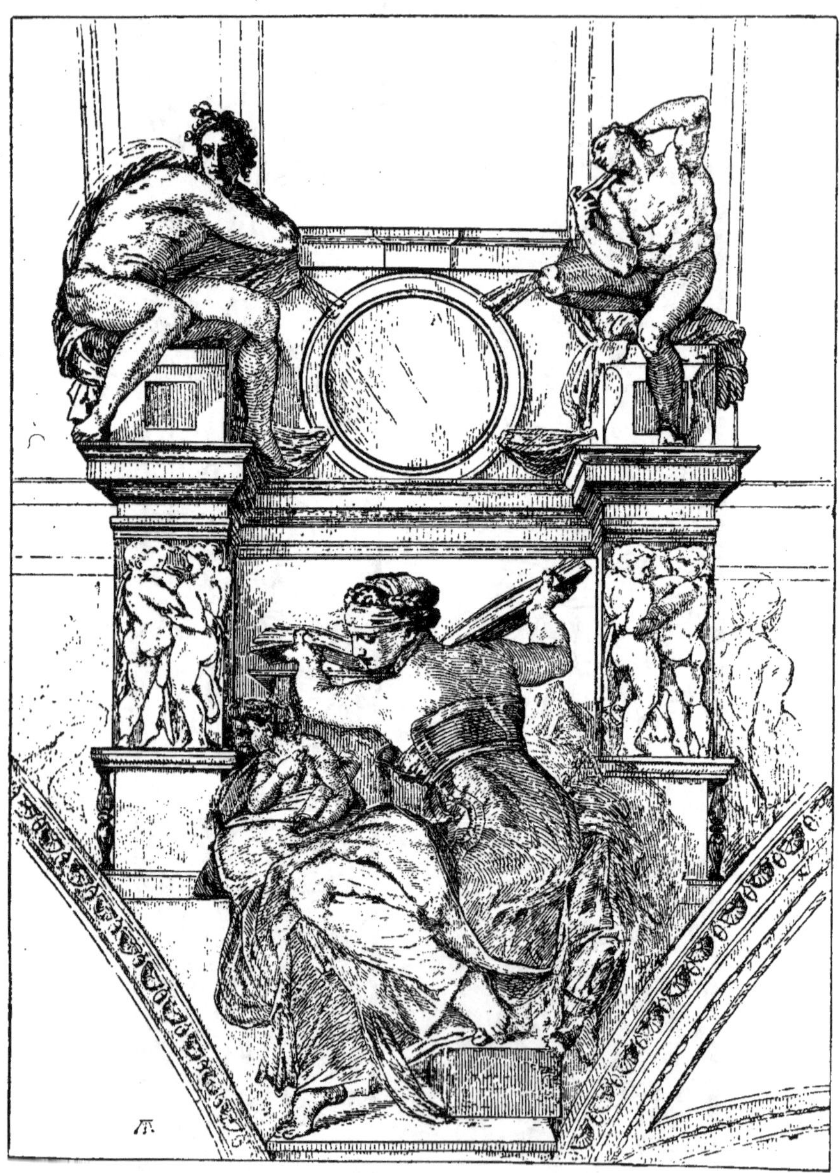

SIBYLLE LIBIENNE.

(Fragment d'une travée du plafond de la Chapelle Sixtine, par Michel-Ange.)

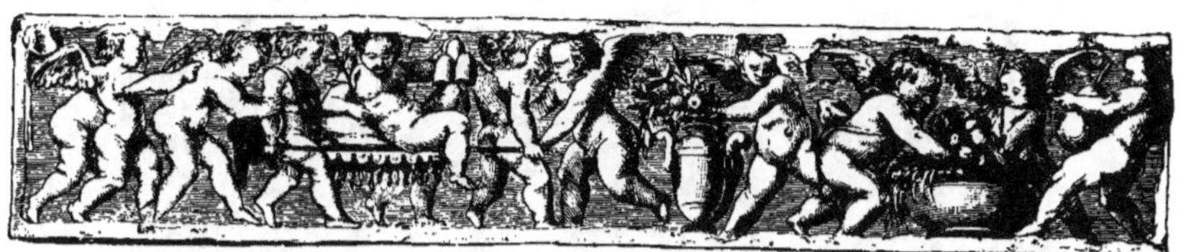

FRISE, D'APRÈS UNE FRESQUE DE GADORINO.

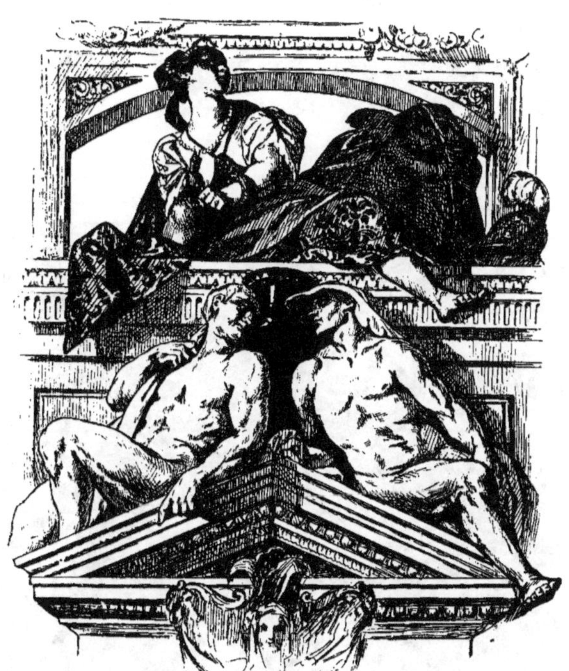

FRESQUE DE VÉRONÈSE, AU CHATEAU DE MASÈRE.

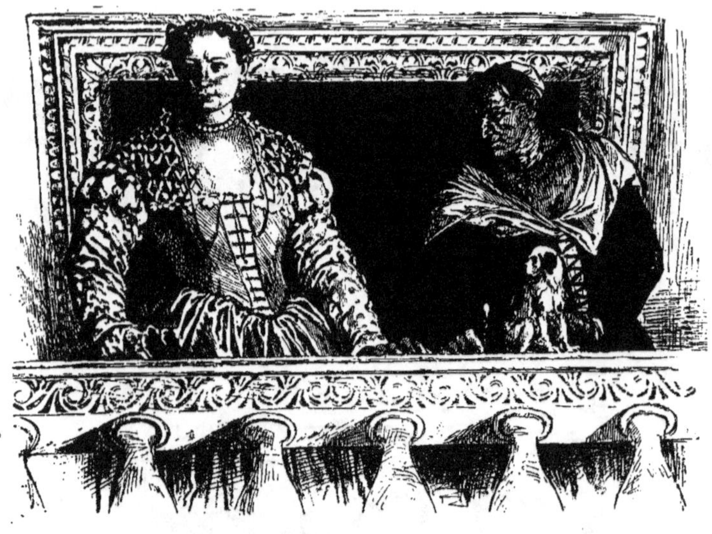

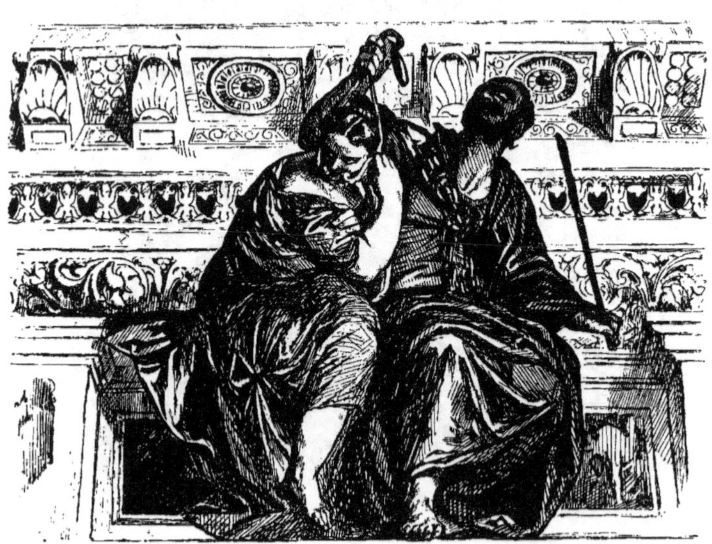

FRESQUES DE VERONÈSE, AU CHATEAU DE MASÈRE.

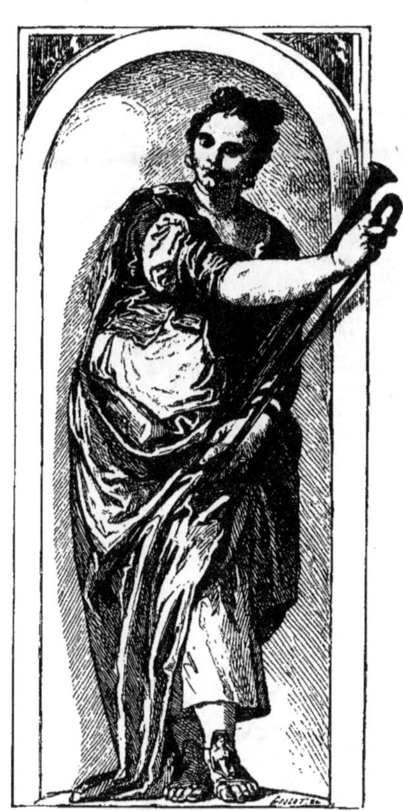

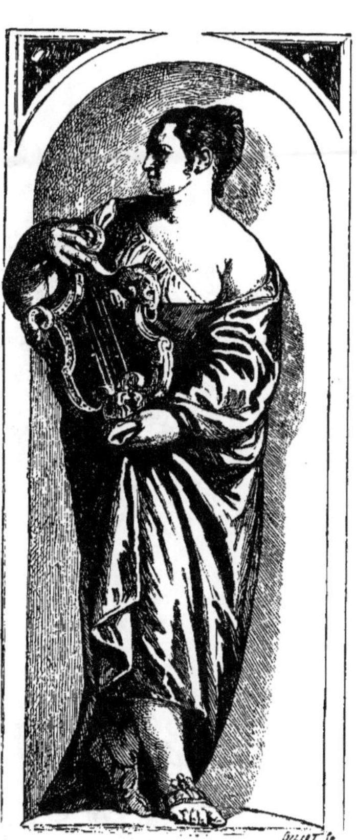

FIGURES DE MUSICIENNES, PEINTURE EN CAMAÏEU DE VÉRONÈSE.

(Château de Masère.)

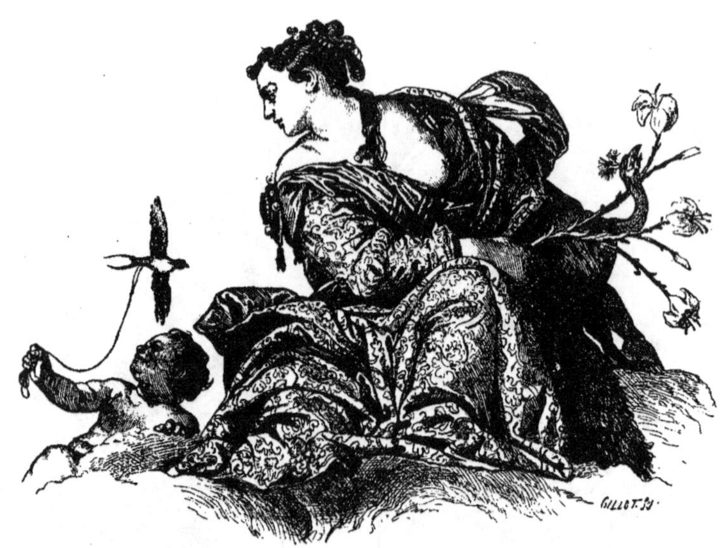

JUNON, FRESQUE DE VÉRONÈSE, AU CHATEAU DE MASÈRE.

CUL-DE-LAMPE, ORNEMENT DU XVIe SIÈCLE.

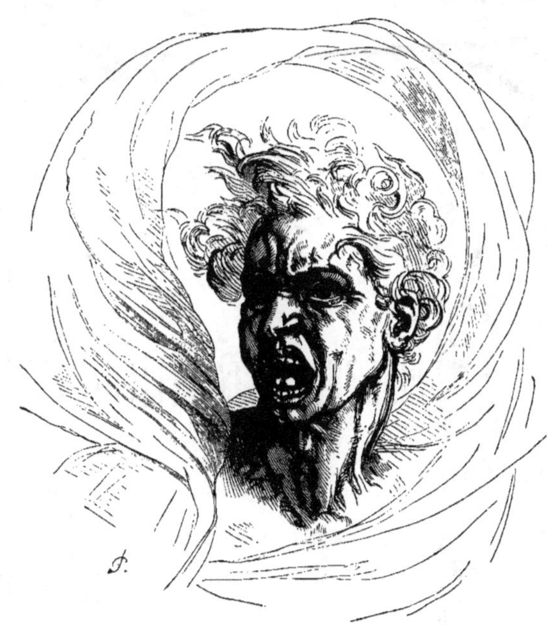

DESSIN DE MICHEL-ANGE (GALERIE DE FLORENCE).

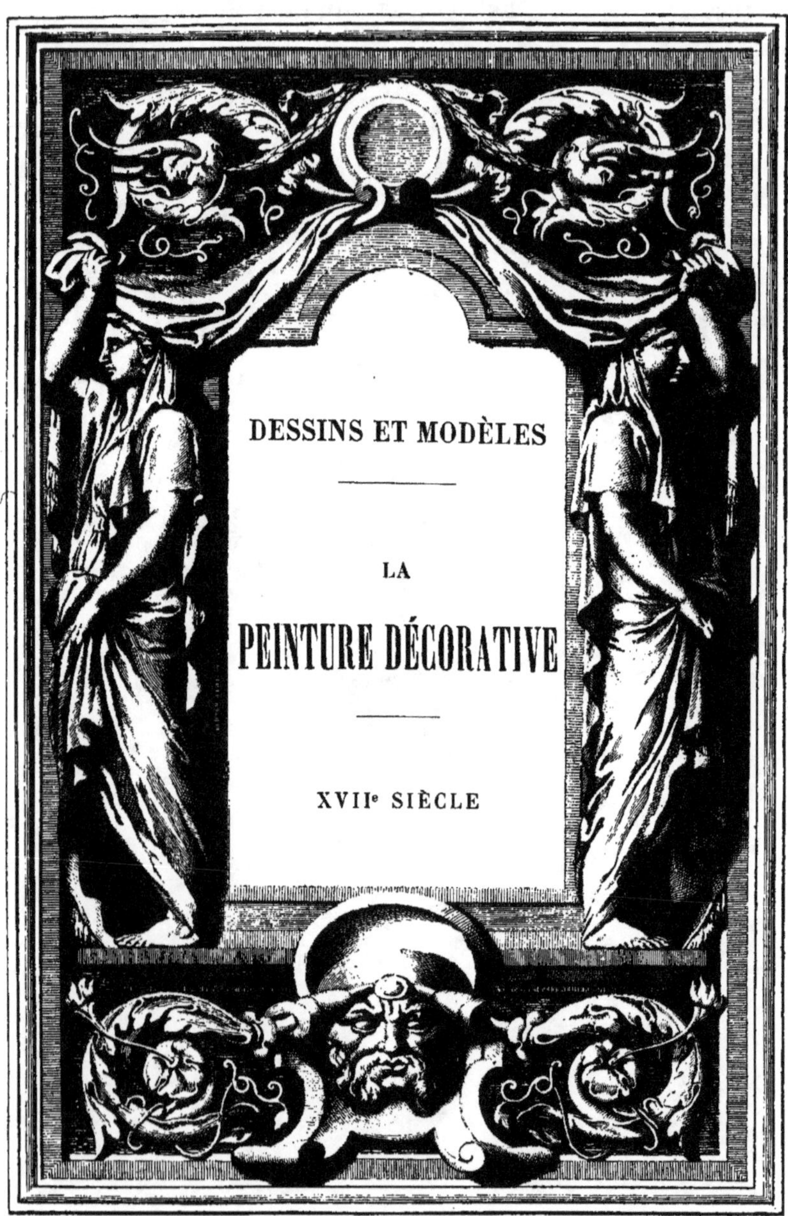


FRONTISPICE DES PEINTURES DE LEBRUN ET DE LESUEUR A L'HOTEL LAMBERT, GRAVÉ PAR BERNARD PICART.

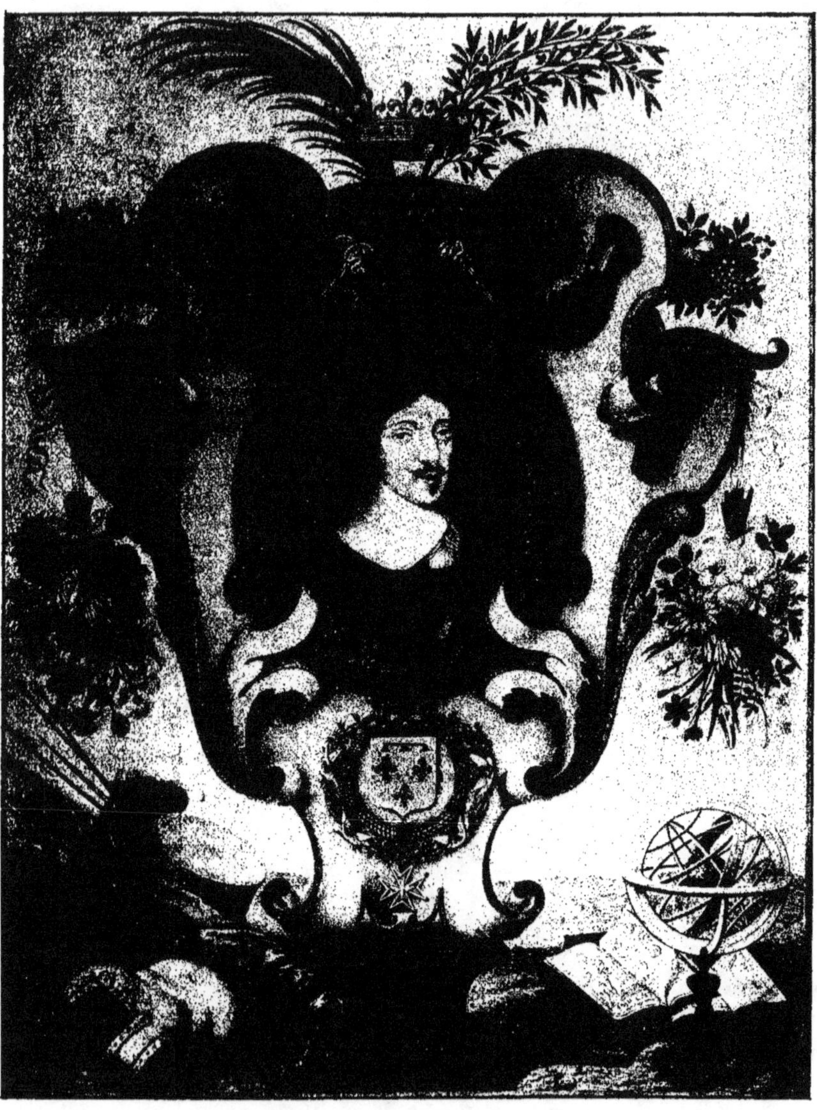

PORTRAIT DE GASTON D'ORLÉANS, PAR DANIEL RABEL.

(Frontispice de la Collection des Vélins, au Musée d'histoire naturelle, à Paris.)

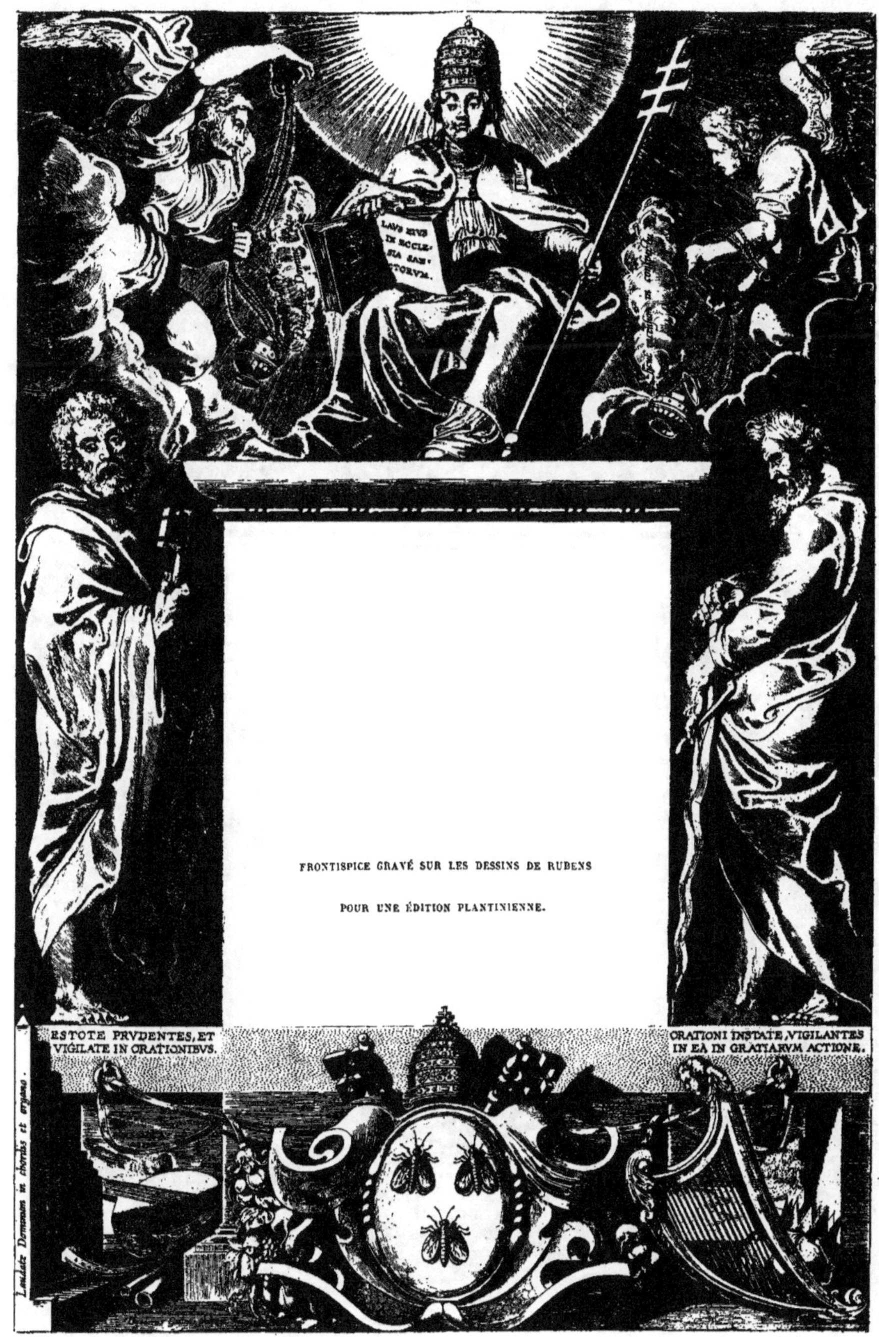


FRONTISPICE GRAVÉ SUR LES DESSINS DE RUBENS

POUR UNE ÉDITION PLANTINIENNE.

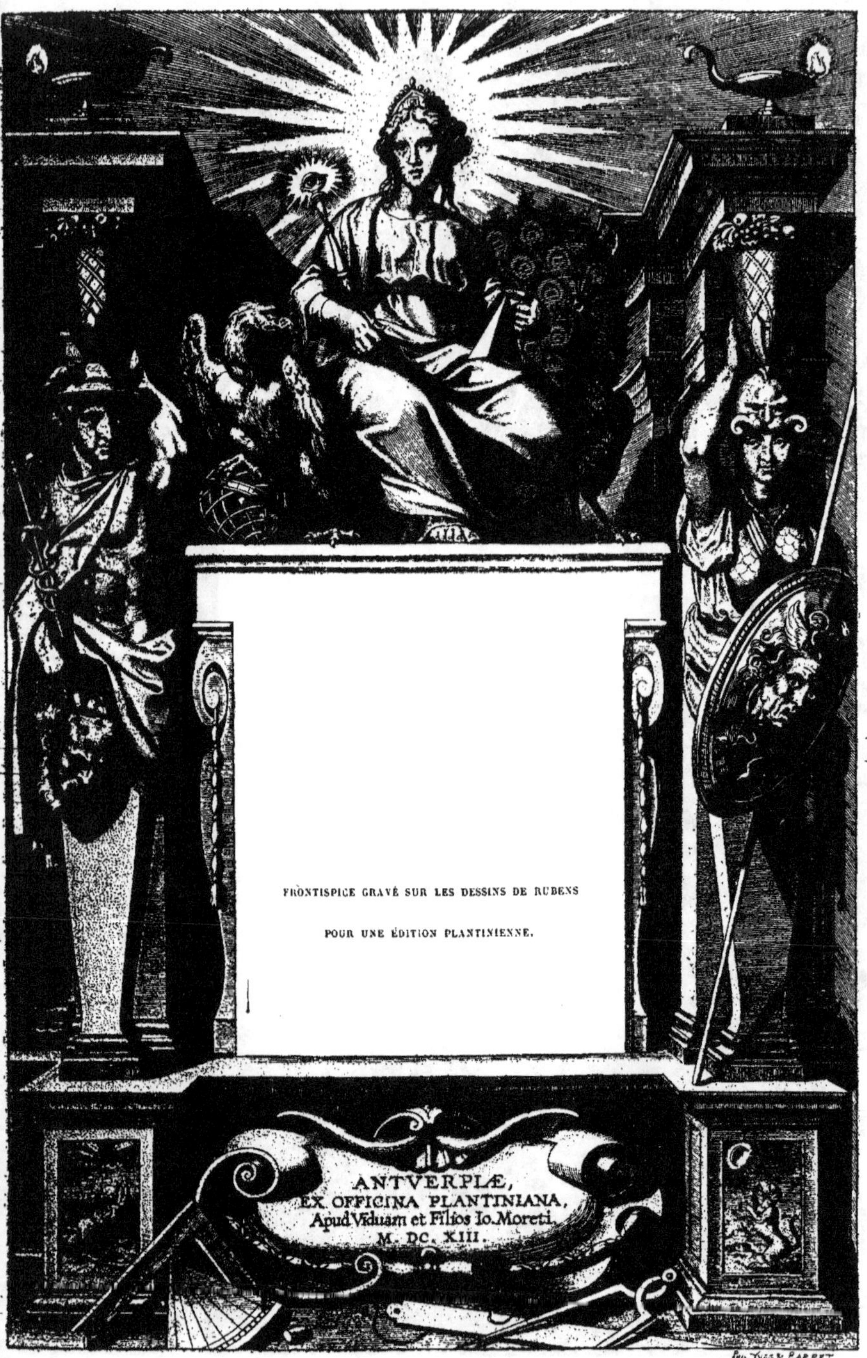


FRONTISPICE GRAVÉ SUR LES DESSINS DE RUBENS

POUR UNE ÉDITION PLANTINIENNE.

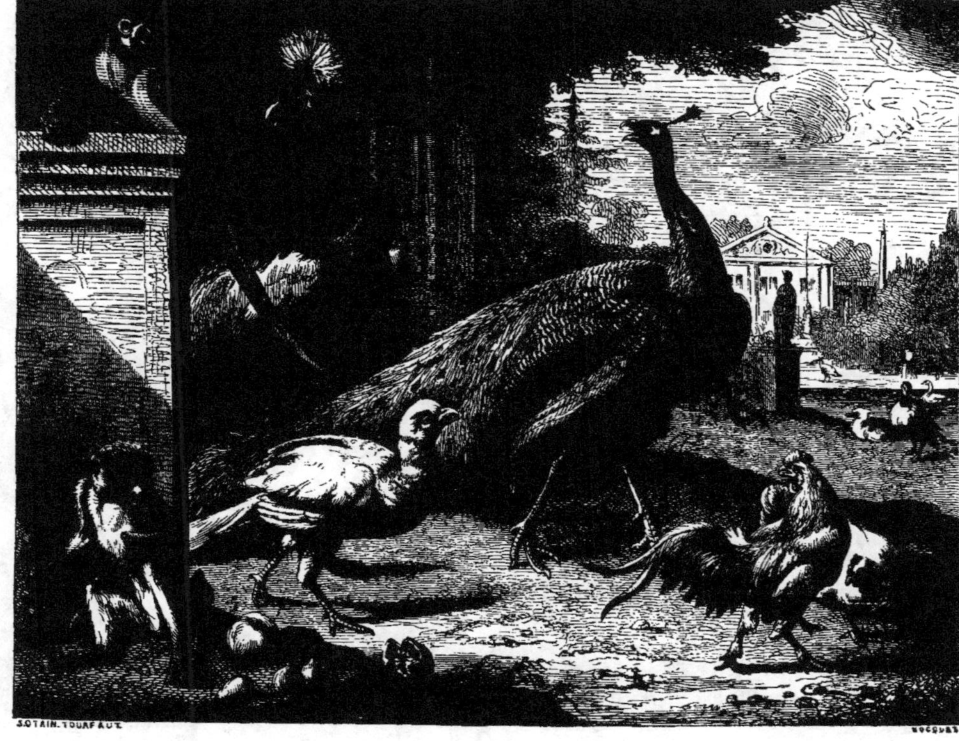

LES OISEAUX DANS LE PARC, D'APRÈS HONDEKOETER.

(Galerie de M. Rothan.)

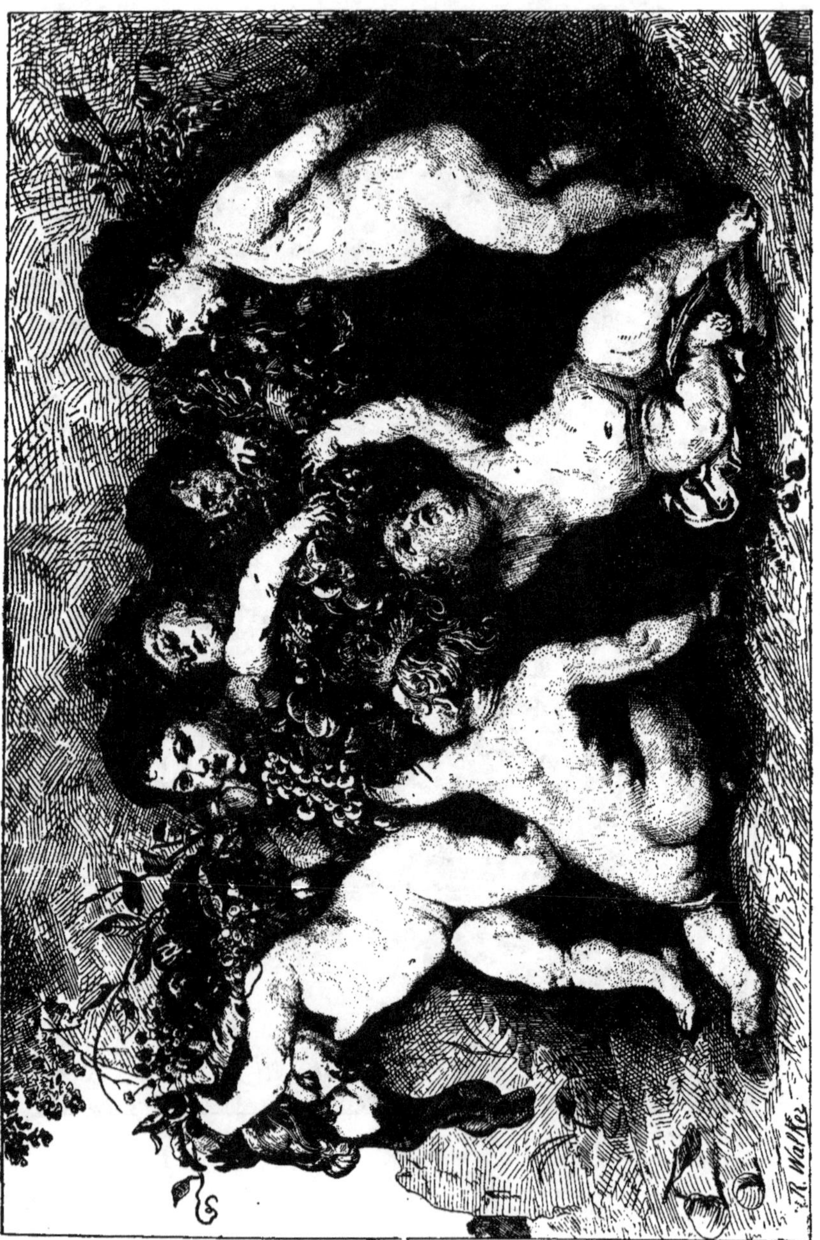

ENFANTS PORTANT DES FLEURS, PAR RUBENS.

(Tableau du Musée de Munich.)

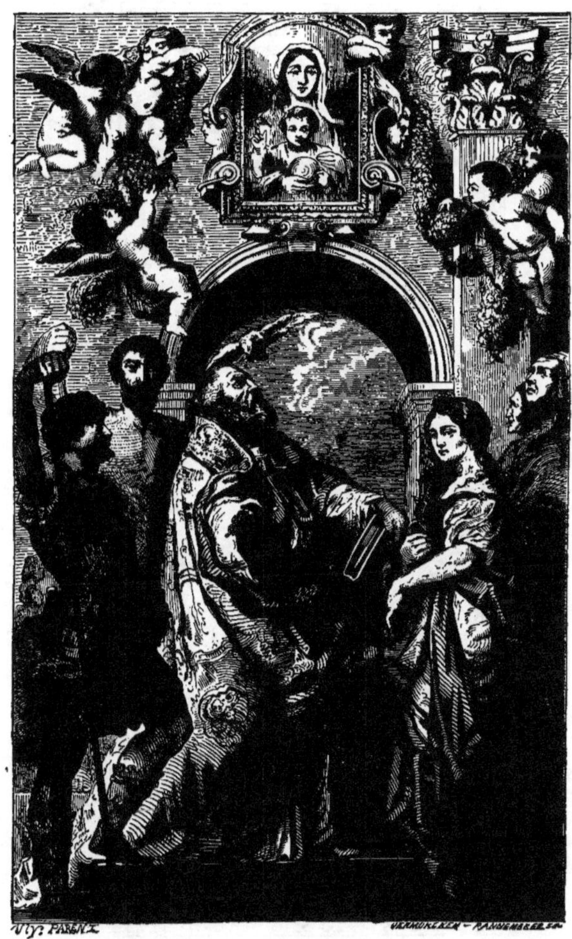

LE PAPE SAINT GRÉGOIRE.

(Tableau de Rubens, du Musée de Grenoble.)

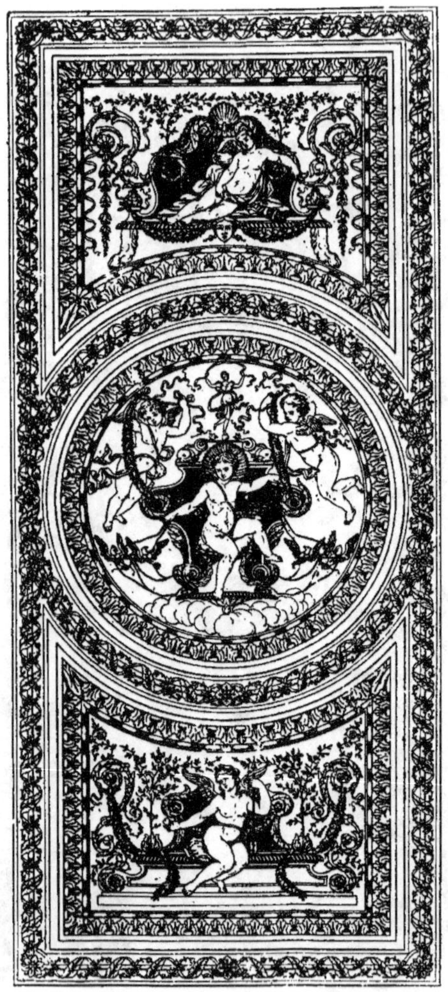

PORTE DE LA SALLE DU LIVRE D'OR AU PALAIS DU LUXEMBOURG

(Peinte par Charles Errard. — XVII^e siècle.)

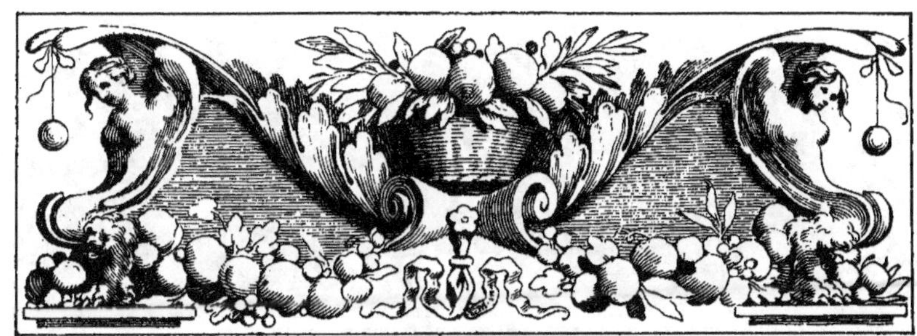

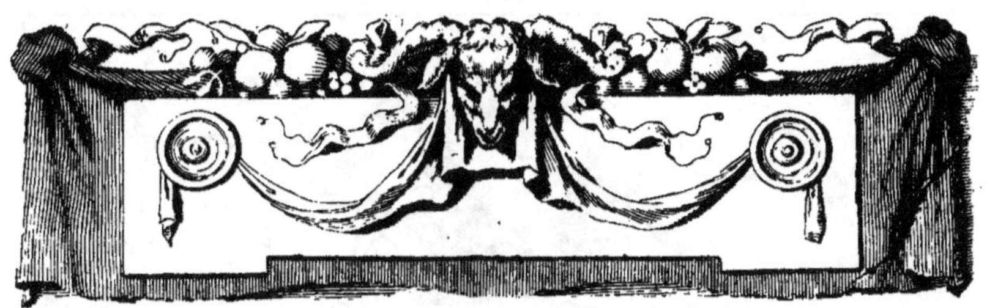

DEUX FRISES COMPOSÉES ET DESSINÉES PAR CLAUDE MELLAN.

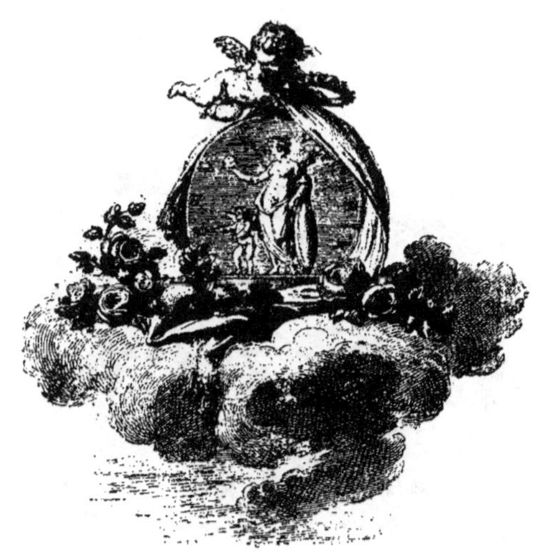

CUL-DE-LAMPE (XVIIe SIÈCLE).

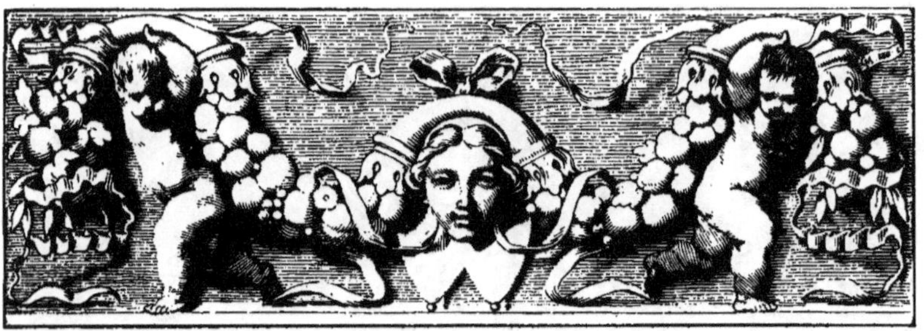

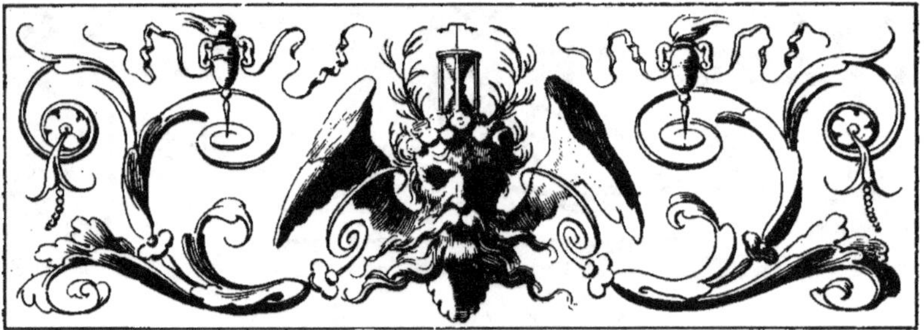

DEUX FRISES COMPOSÉES PAR CLAUDE MELLAN.

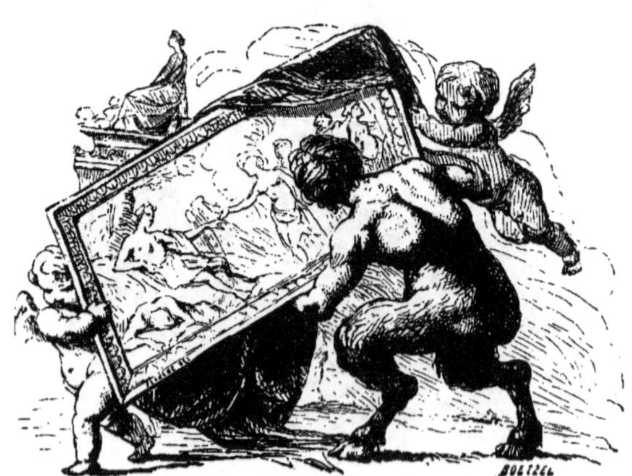

ORNEMENT COMPOSÉ PAR BREBIETTE.

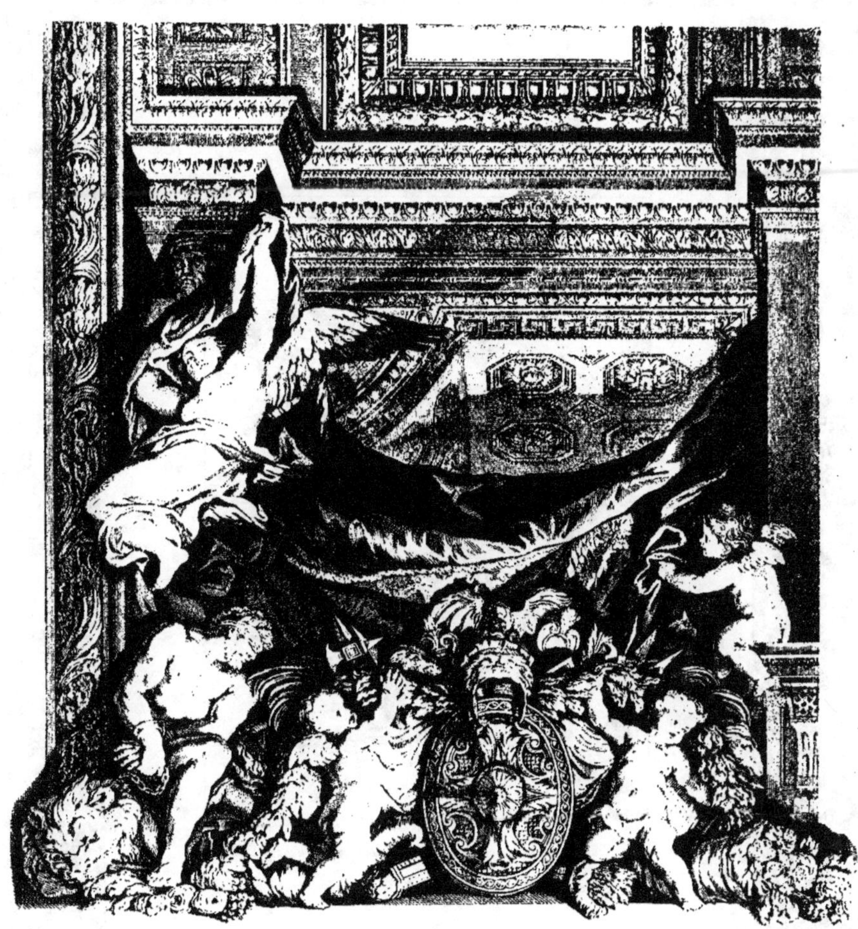

PEINTURE DÉCORATIVE PAR LEBRUN.

(Grande galerie de Versailles.)

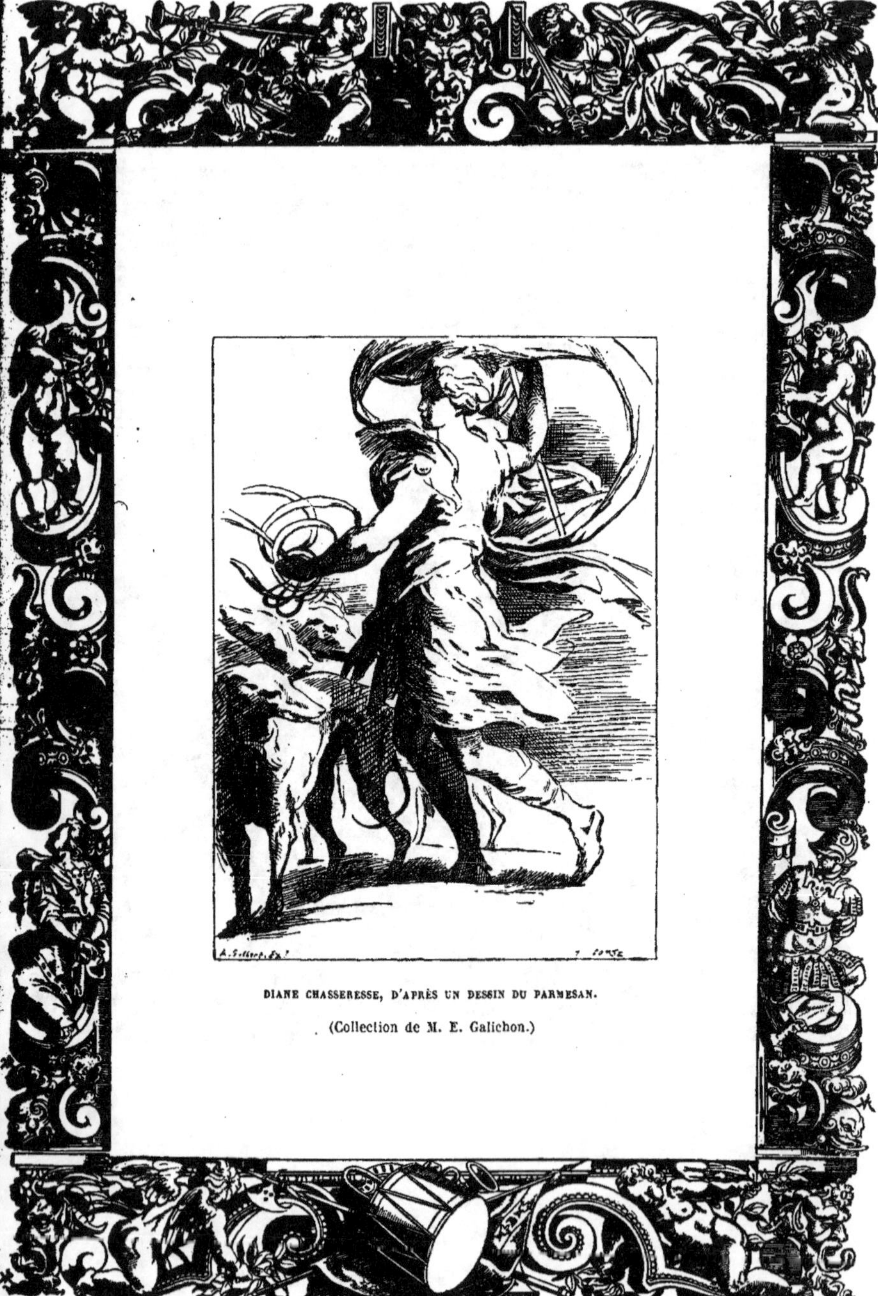

DIANE CHASSERESSE, D'APRÈS UN DESSIN DU PARMESAN.

(Collection de M. E. Galichon.)

ENCADREMENT TIRÉ DU « ROLAND FURIEUX ». — ÉDITION DE VENISE.

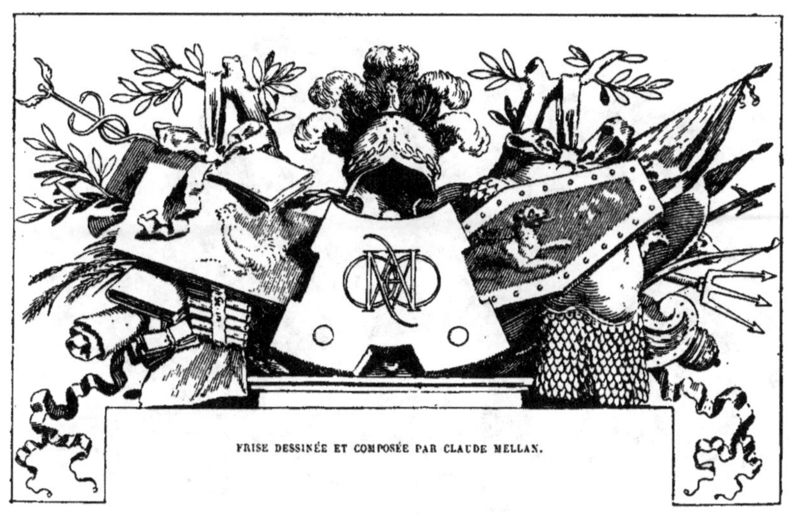

FRISE DESSINÉE ET COMPOSÉE PAR CLAUDE MELLAN.

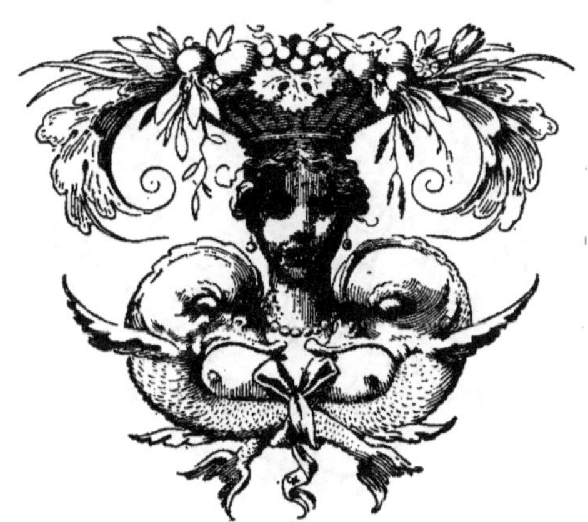

ORNEMENT COMPOSÉ PAR CLAUDE MELLAN.

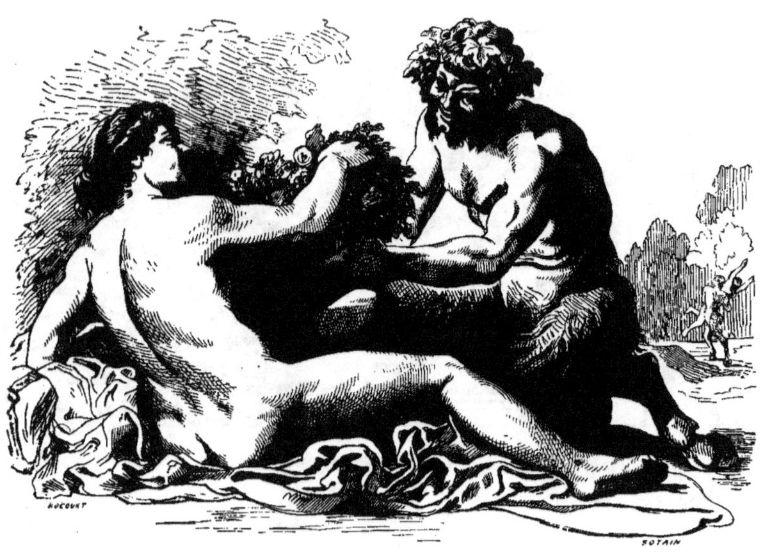

BACCHANTE, PAR LOUIS CARRACHE

(Galerie Pourtalès.)

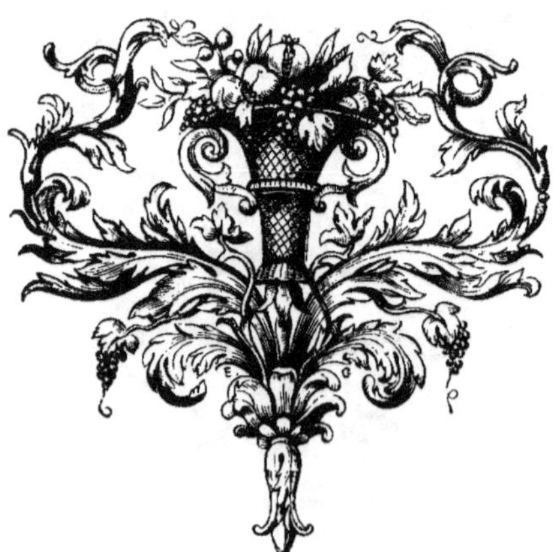

CUL-DE-LAMPE DU XVII^e^ SIÈCLE.

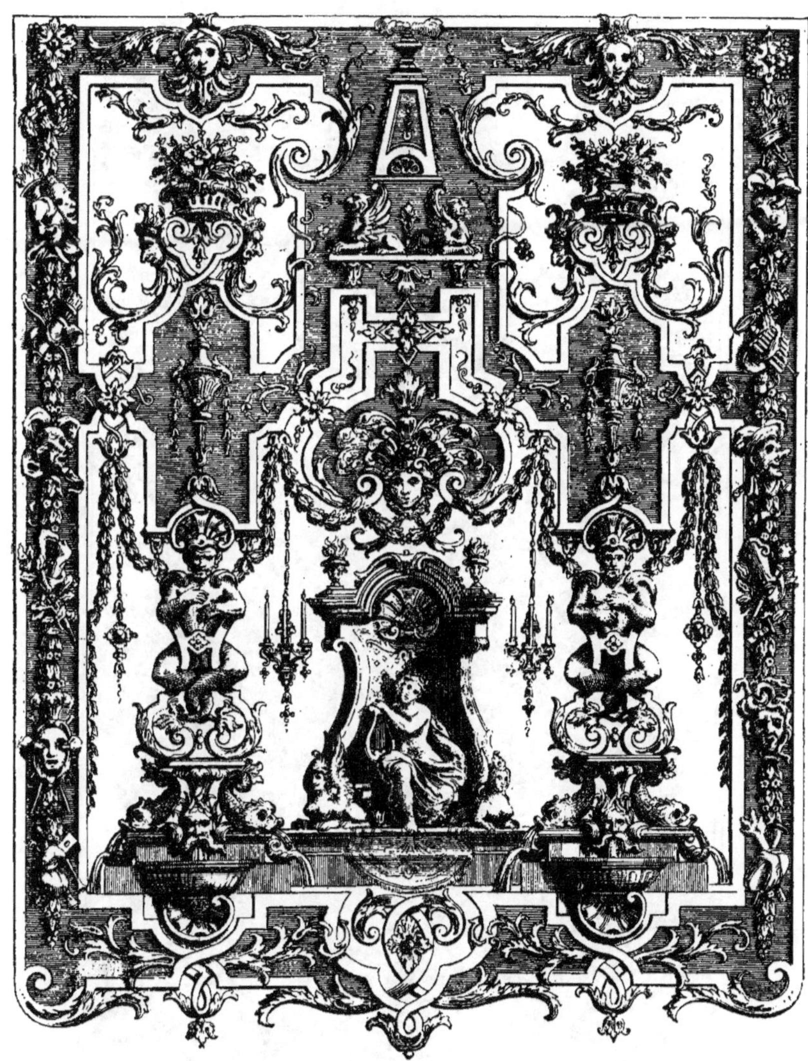

PEINTURE DÉCORATIVE DE J. BÉRAIN (AU LOUVRE).

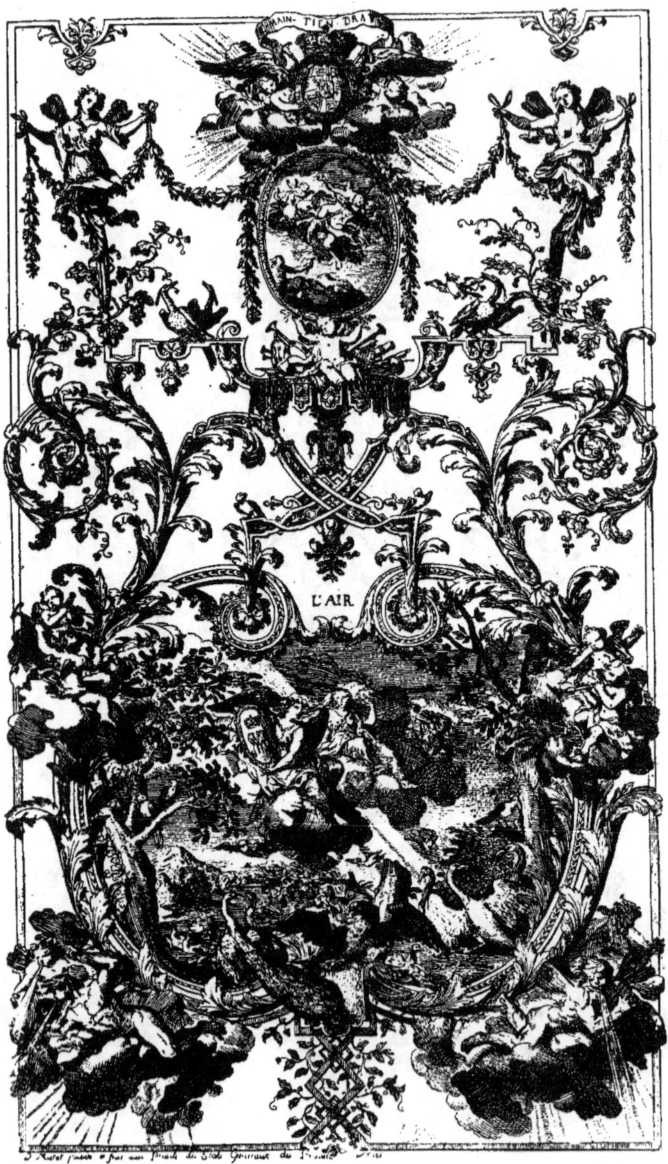


COMPOSITION DÉCORATIVE, PAR DANIEL MAROT.

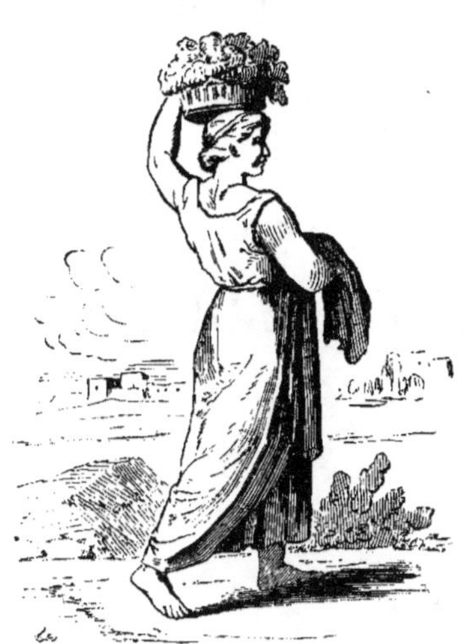

FIGURE DE PAYSANNE, TIRÉE DE L'ŒUVRE DU POUSSIN.

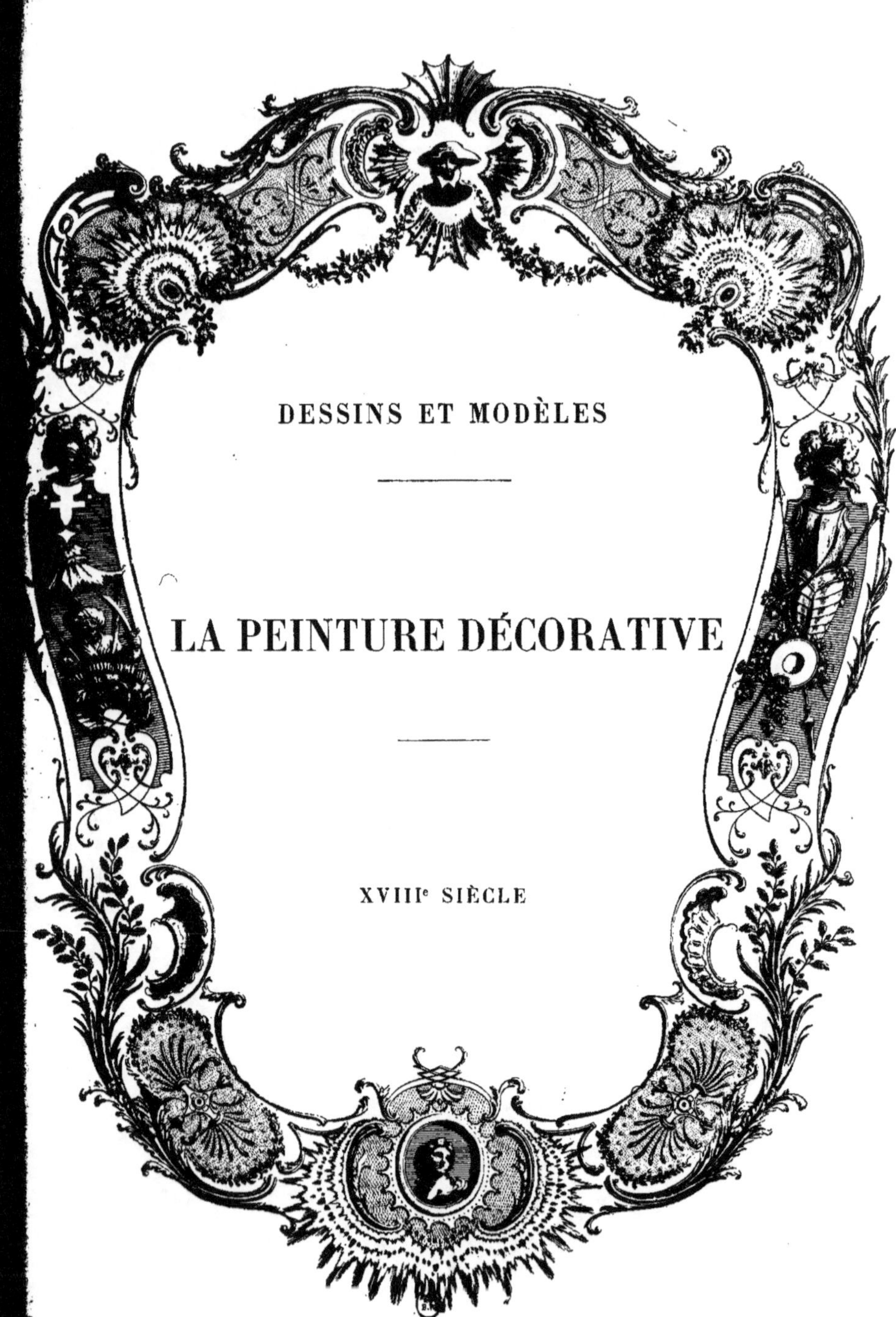


ENCADREMENT, PAR ANTOINE WATTEAU.

(D'après la gravure de Moyreau.)

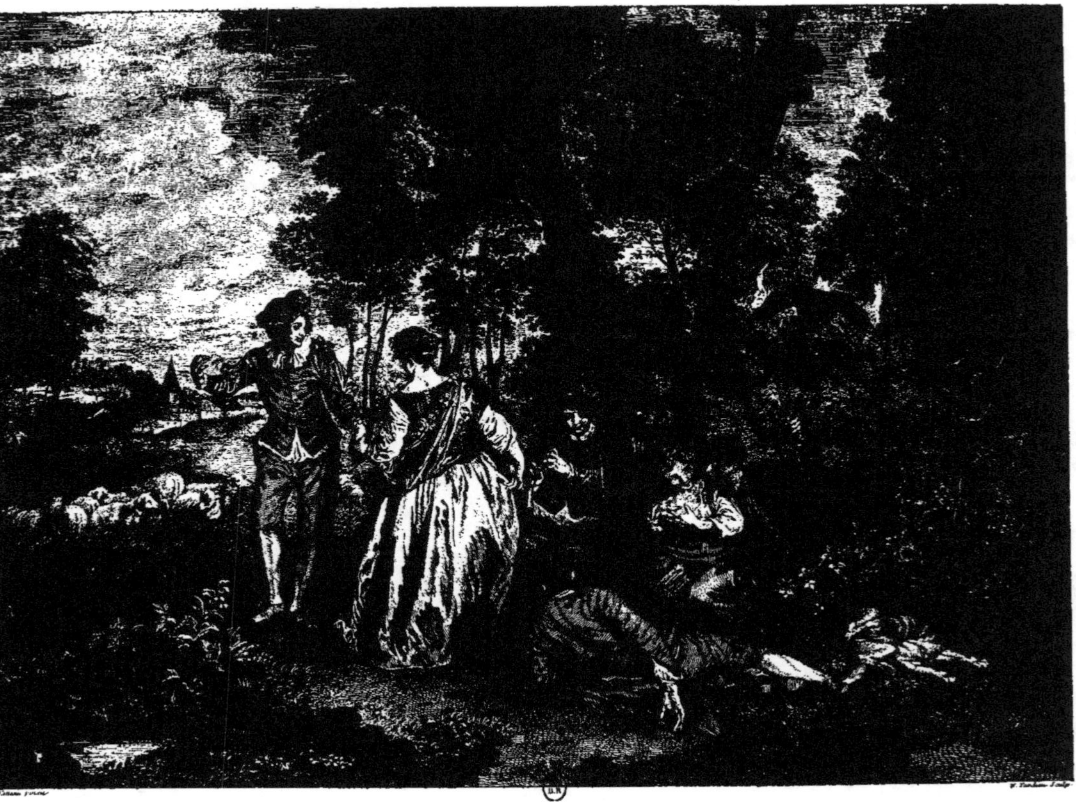

LE PLAISIR PASTORAL, PAR ANTOINE WATTEAU.

(D'après la gravure de Tardieu.)

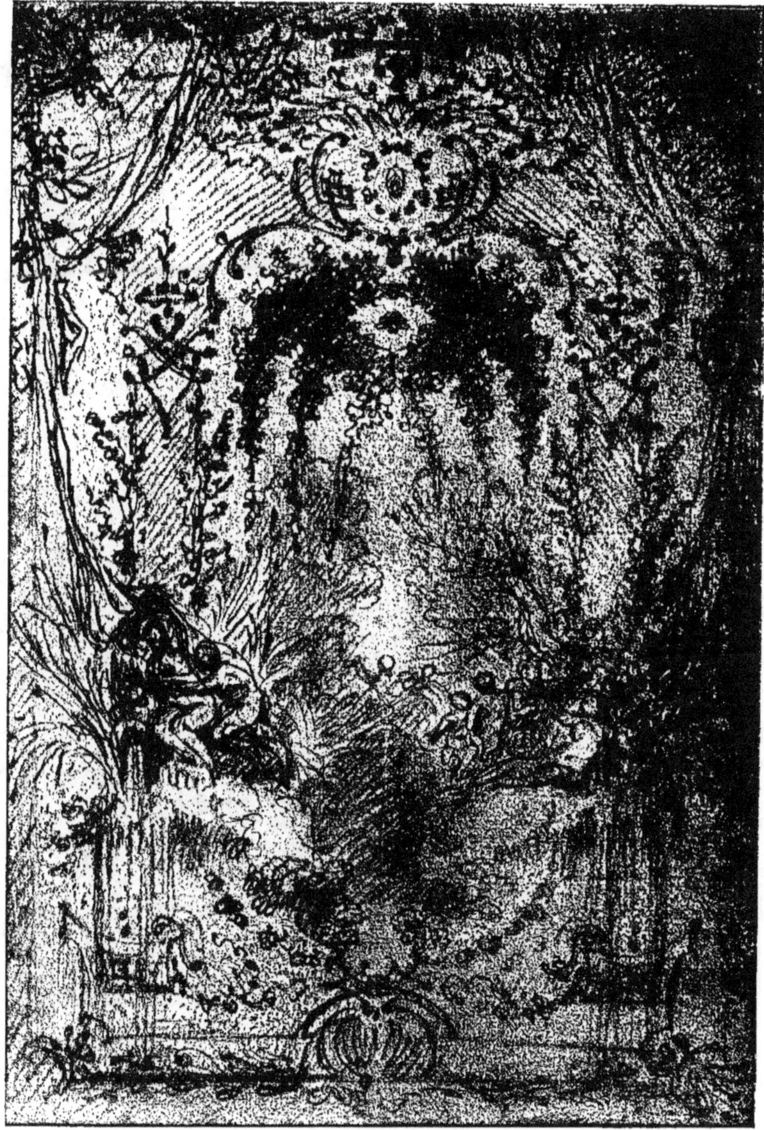

COMPOSITION POUR UN PANNEAU DÉCORATIF, PAR ANTOINE WATTEAU.

(Collection de M. de Goncourt.)

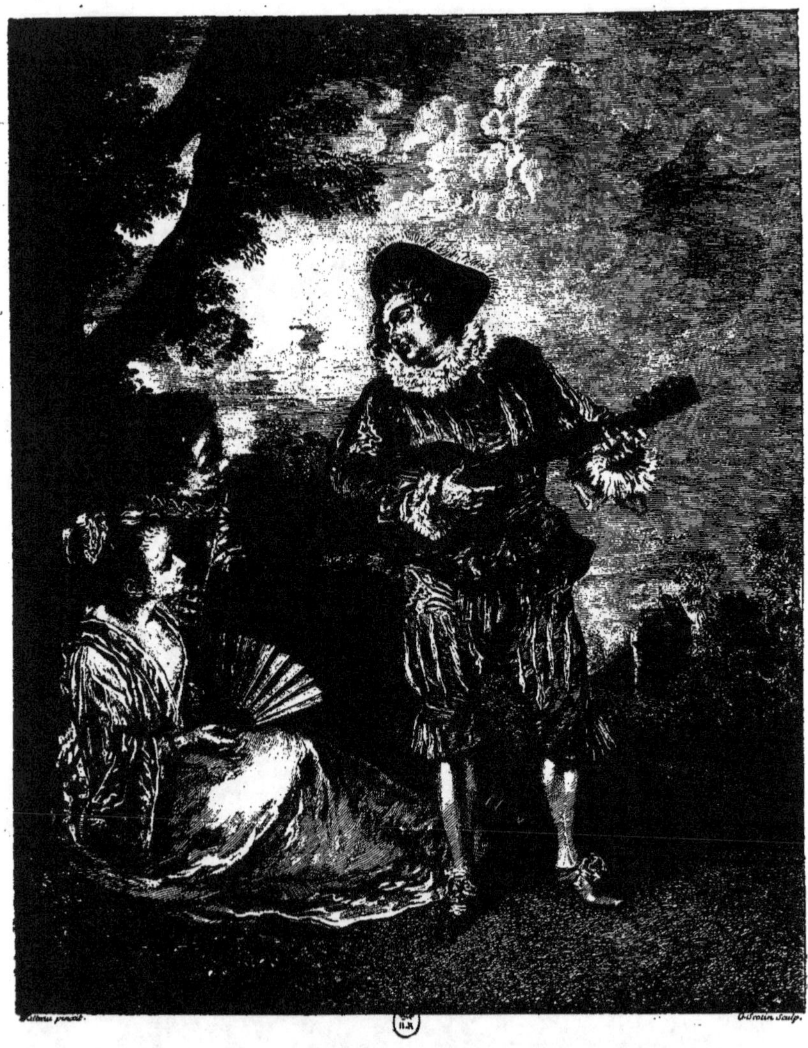

LE LORGNEUR, PAR ANTOINE WATTEAU.

(D'après la gravure de Scotin.)

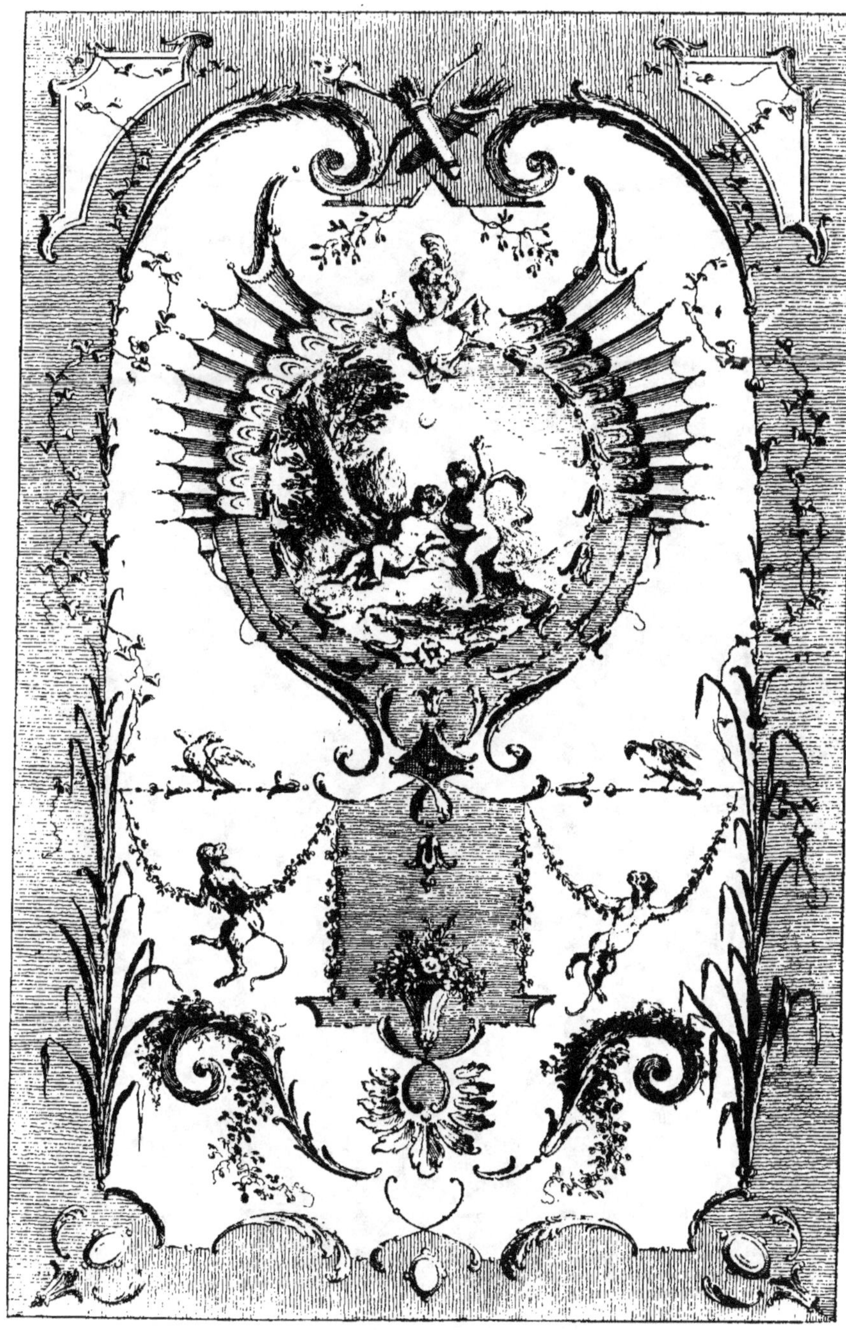

LES PLAISIRS DE LA JEUNESSE, PAR A. WATTEAU.

(Écran gravé par Huquier.)

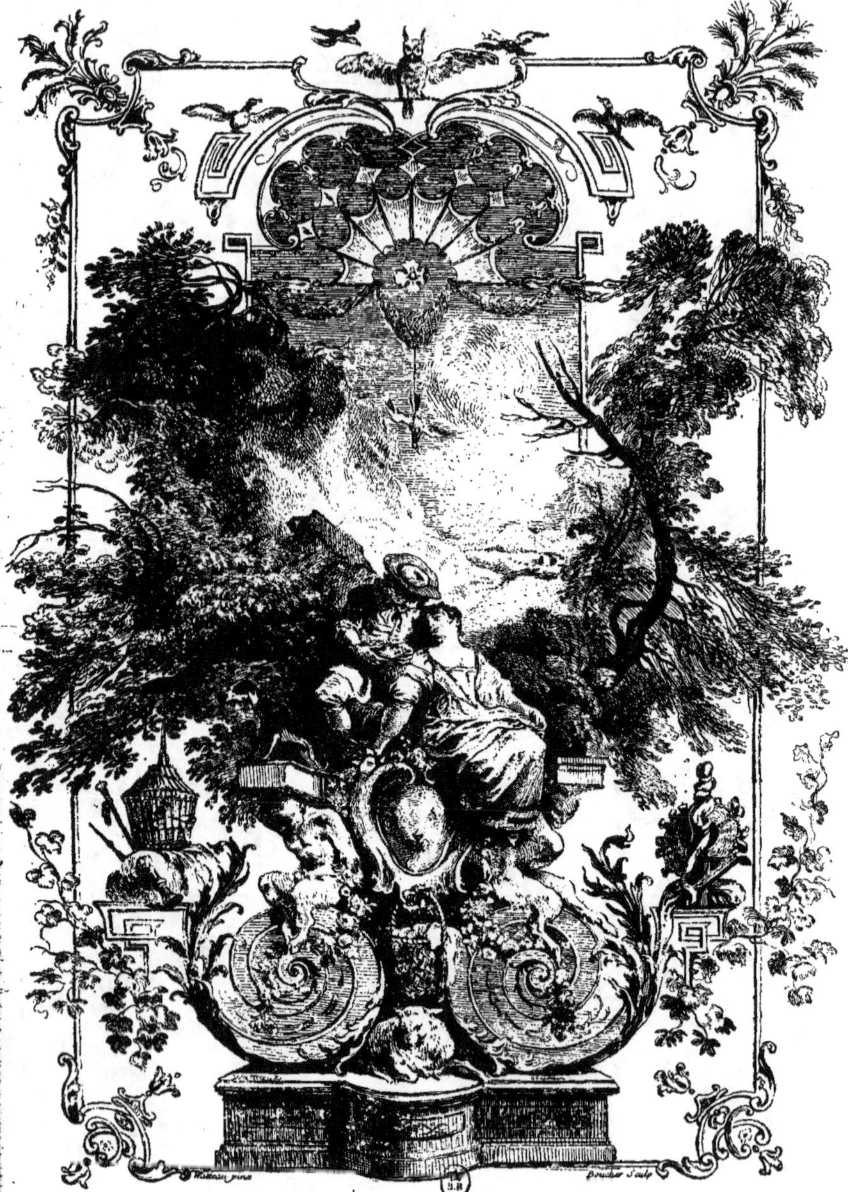

LE DENICHEUR DE MOINEAUX

PANNEAU DÉCORATIF PEINT PAR A. WATTEAU, GRAVÉ PAR F. BOUCHER.

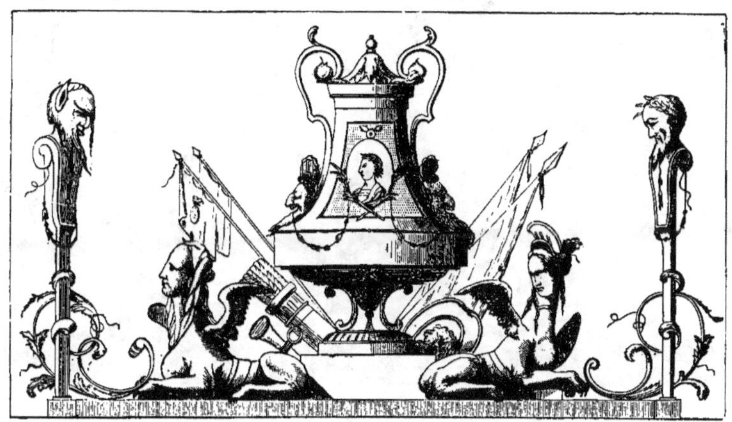

FRISE, DESSINÉE PAR TORO.

(Cabinet des Estampes.)

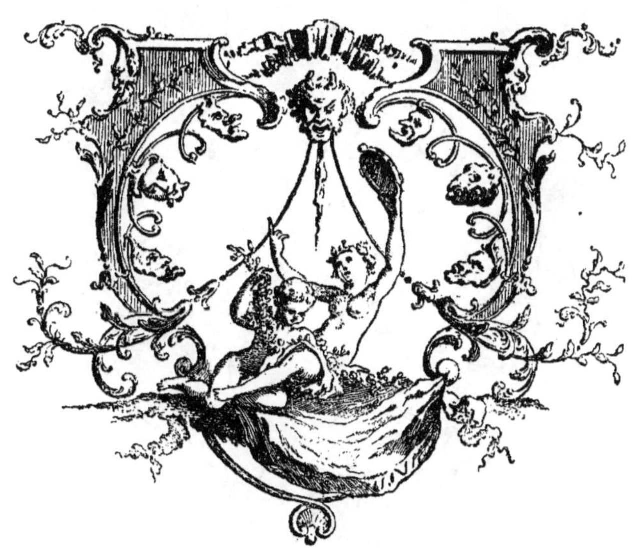

CUL-DE-LAMPE, COMPOSITION DE FRANÇOIS BOUCHER.

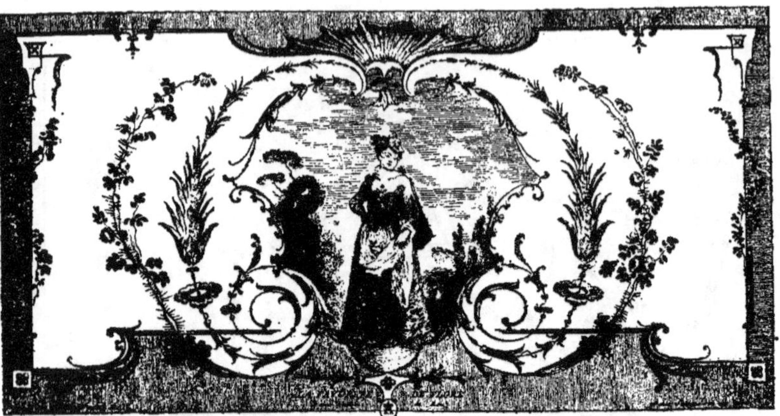

LA FAVORITE DE FLORE, PANNEAU DÉCORATIF, PAR A. WATTEAU.

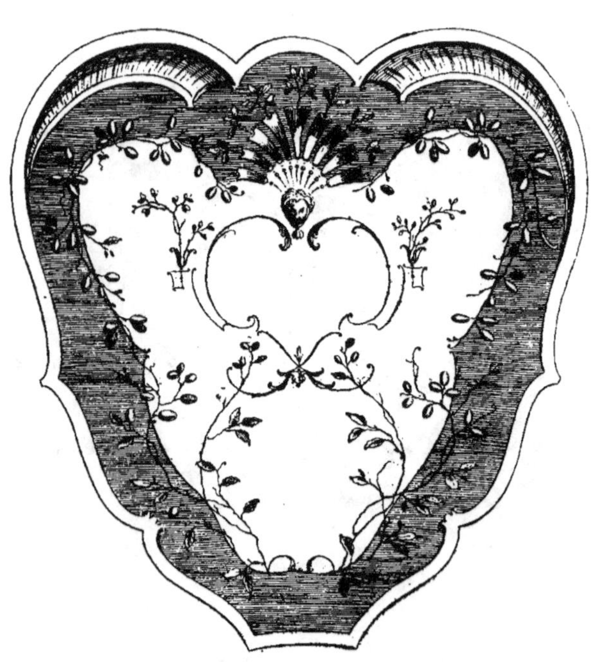

MODÈLE D'ÉCRAN, COMPOSÉ PAR A. WATTEAU.

(D'après la gravure de Huquier.)

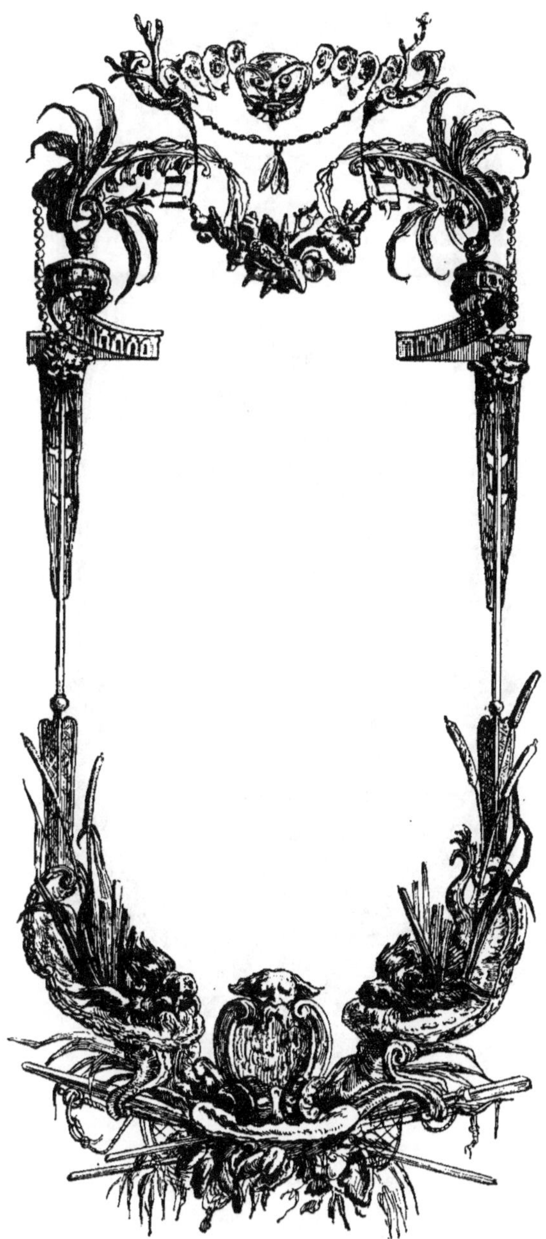

ENCADREMENT, PAR A. WATTEAU.

(Tiré d'un panneau décoratif de la « Petite Singerie », à Chantilly.)

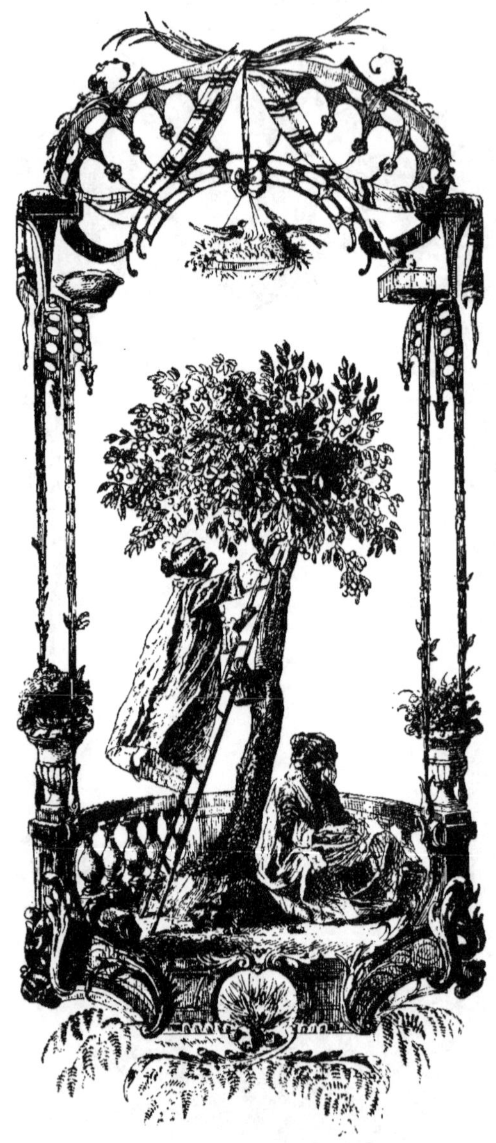

LES PLAISIRS DES CHAMPS, PAR A. WATTEAU.

(Panneau décoratif. — Cabinet de la « Petite Singerie », au château de Chantilly.)

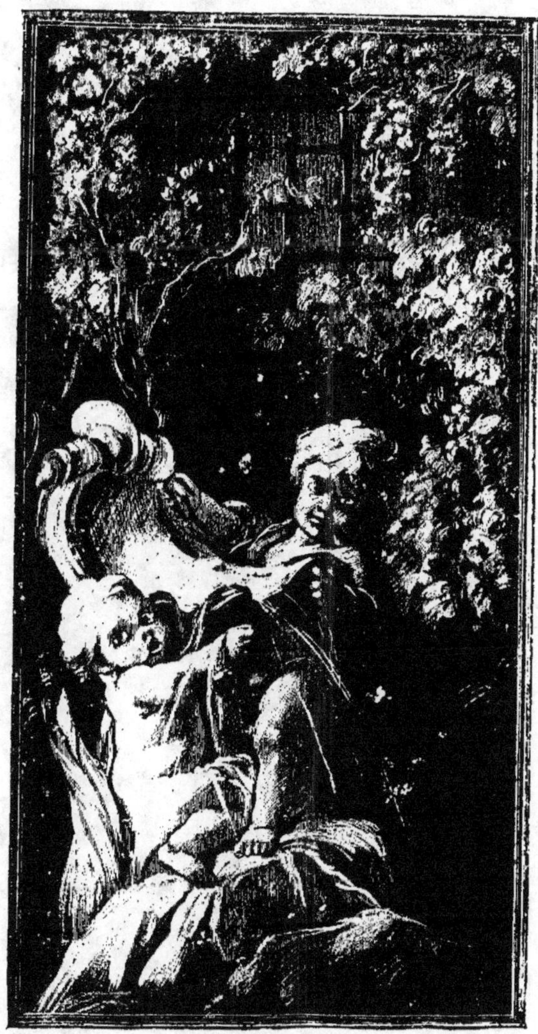

DÉCORATION DE LA PORTE D'UN SALON, PAR FRANÇOIS BOUCHER.

(Collection de M. Groult.)

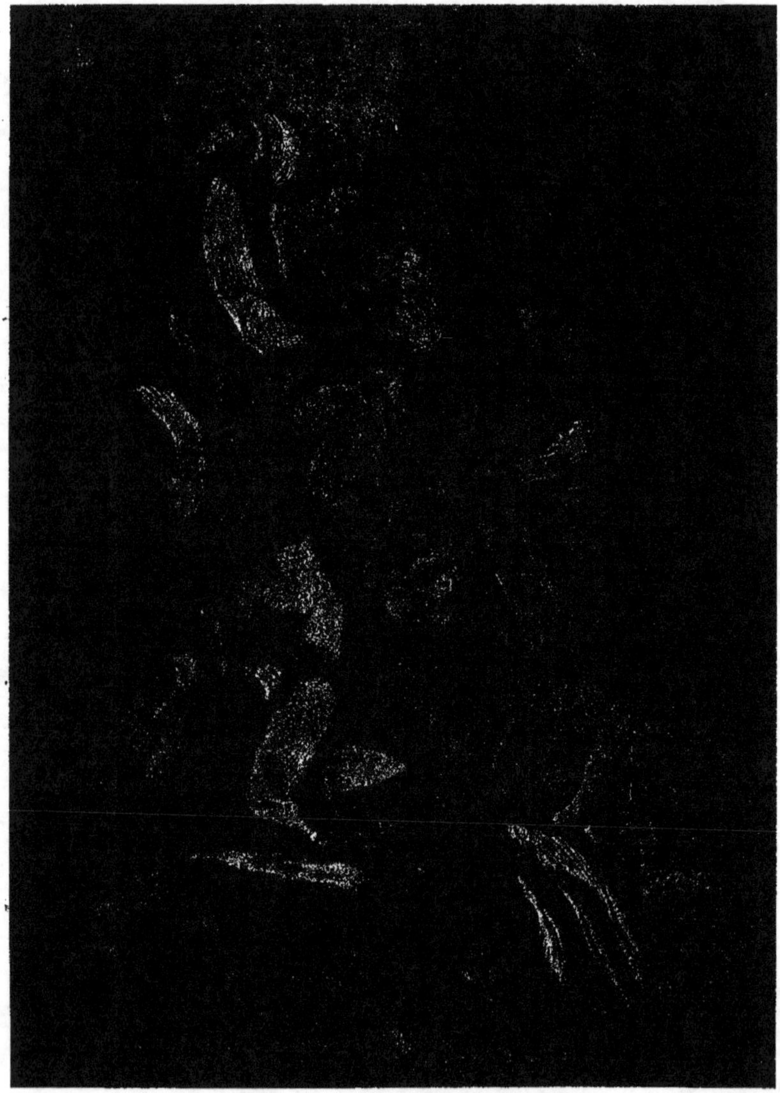

DÉCORATION DE LA PORTE D'UN SALON, PAR FRANÇOIS BOUCHER.

(D'après une gravure de Demarteau. — Collection de M. Groult.)



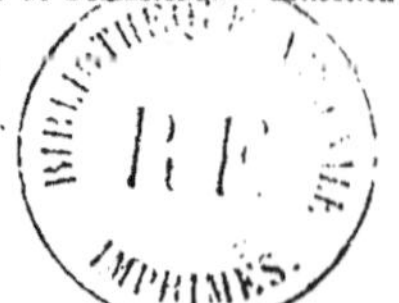

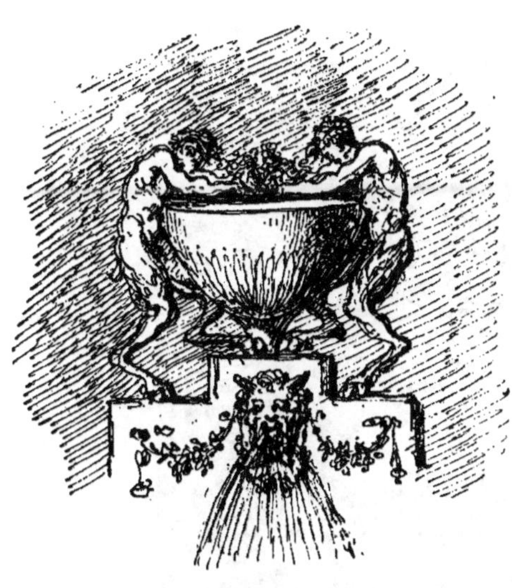

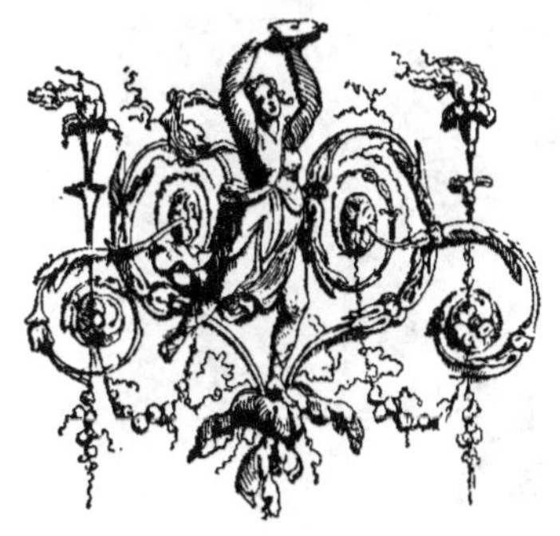

DEUX MOTIFS DÉCORATIFS

PAR SALEMBIER.

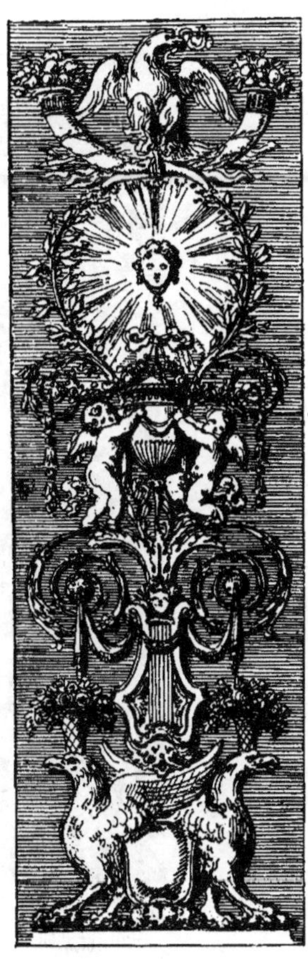

FRISE, DESSIN DU XVIIIe SIÈCLE.

(Album de M. Beurdeley.)

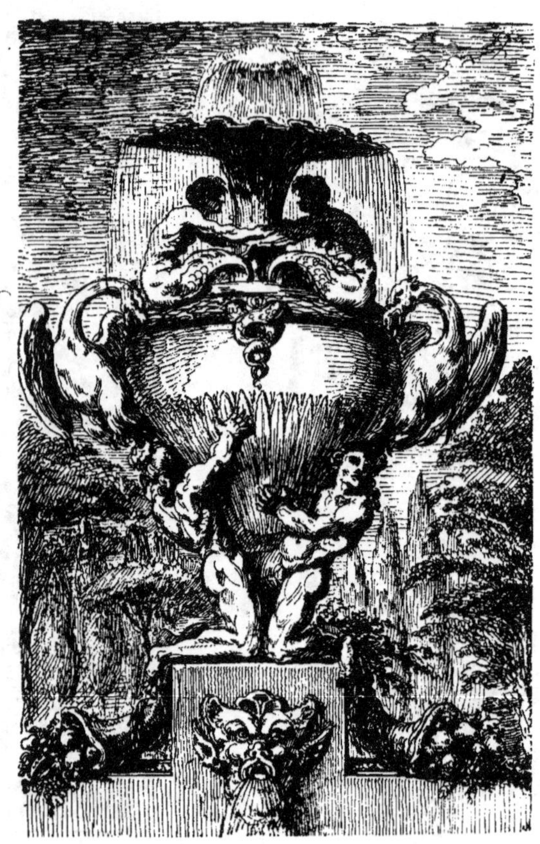

FONTAINE, DESSIN DU XVIIIe SIÈCLE.

(Album de M. Beurdeley.)

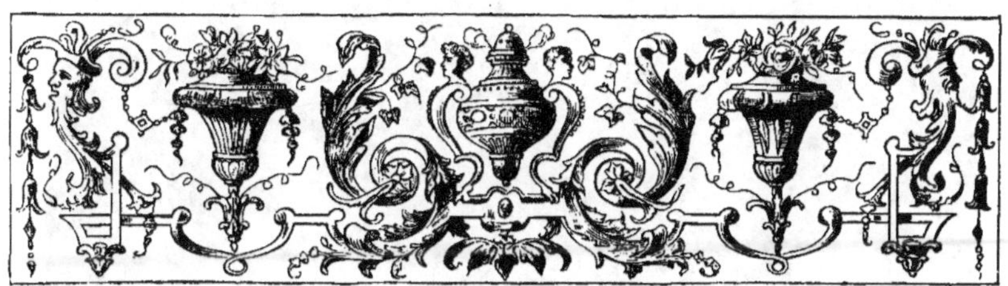

MOTIFS D'ORNEMENT DU XVIII^e SIÈCLE.

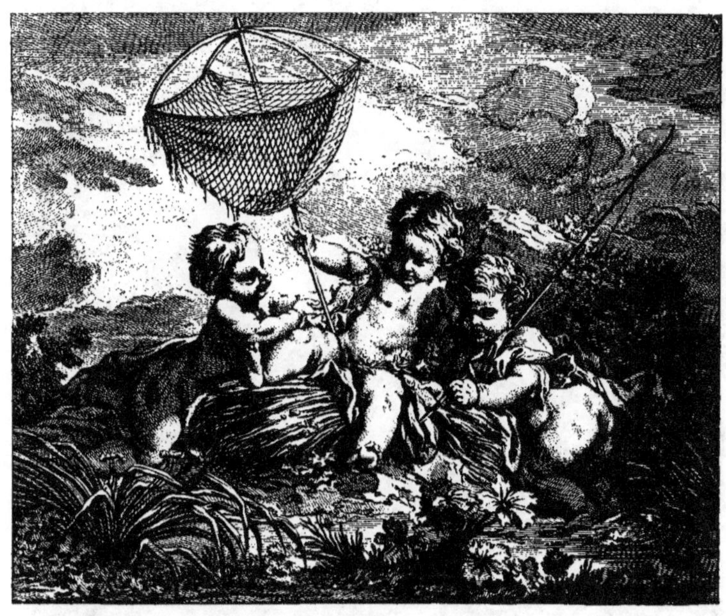

LES PETITS PÊCHEURS, PAR FRANÇOIS BOUCHER.

(Panneau décoratif. D'après une gravure de Laurent Cars. — Collection de Eud. Marcille.)

PANNEAU DÉCORATIF, PAR FRANÇOIS BOUCHER.

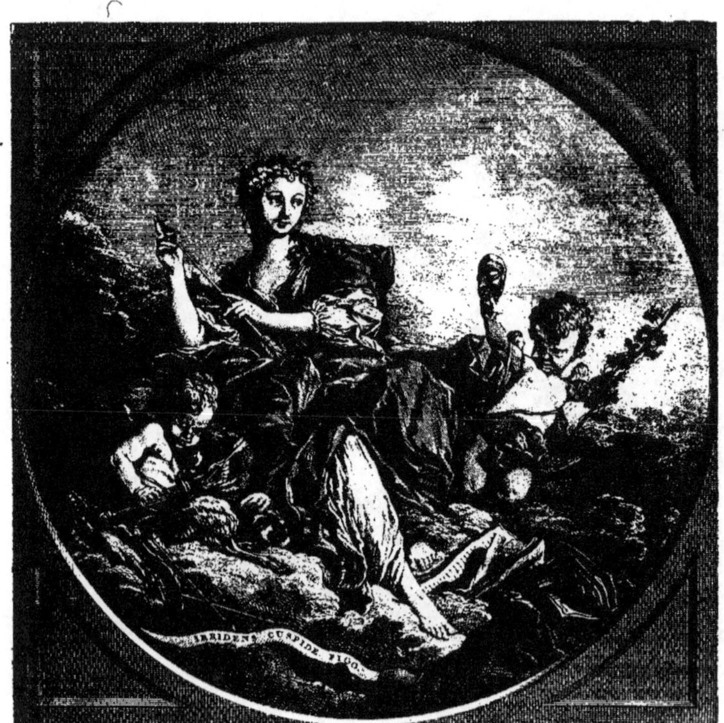


LA POÉSIE SATIRIQUE, PAR FRANÇOIS BOUCHER.

(Panneau décoratif. — Collection de Eud. Marcille.)

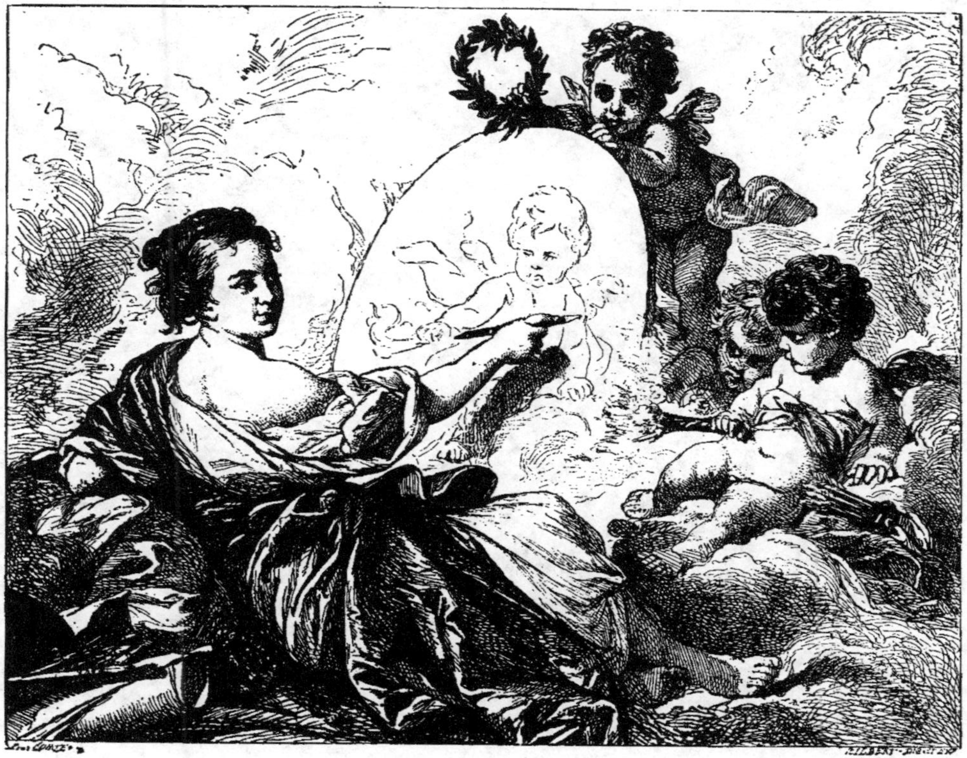

LA PEINTURE, D'APRÈS FRANÇOIS BOUCHER.

(Galerie Rothan.)

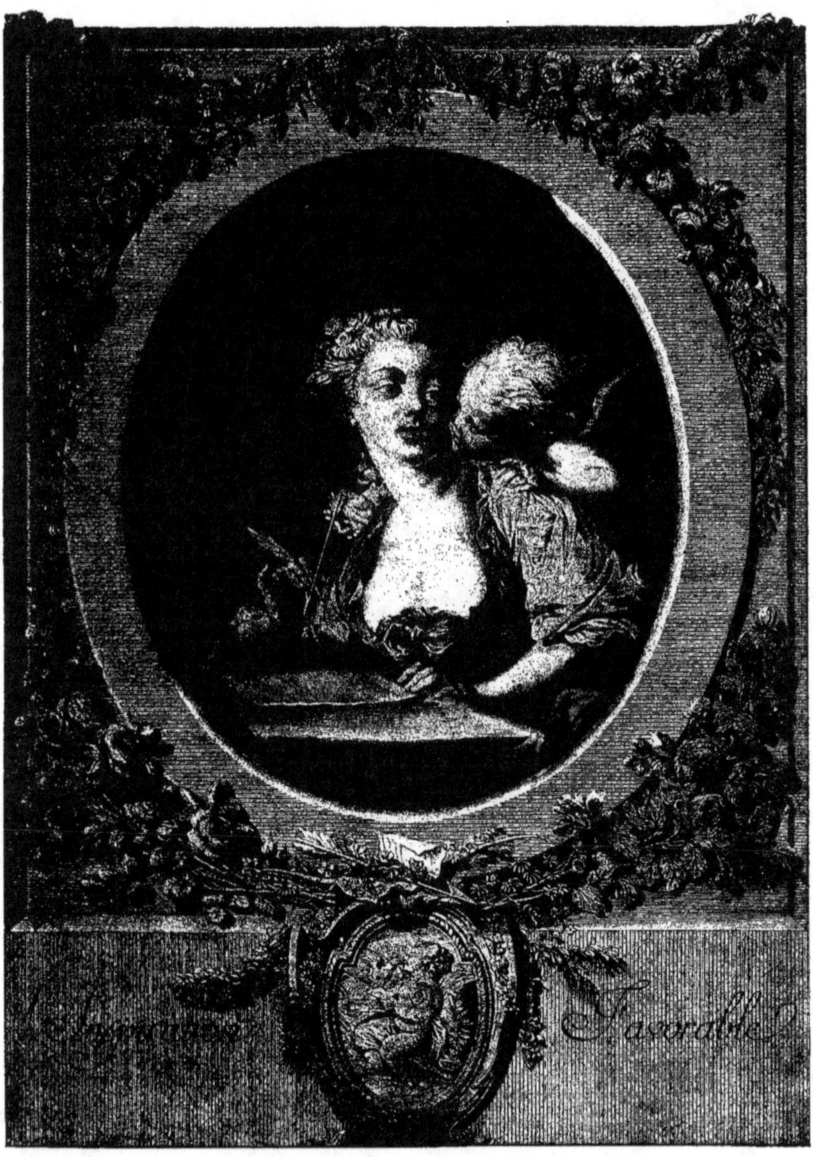

L'INSPIRATION FAVORABLE, GOUACHE PAR FRAGONARD.

(D'après une gravure de L.-M. Halbou. — Collection de Eudoxe Marcille.)

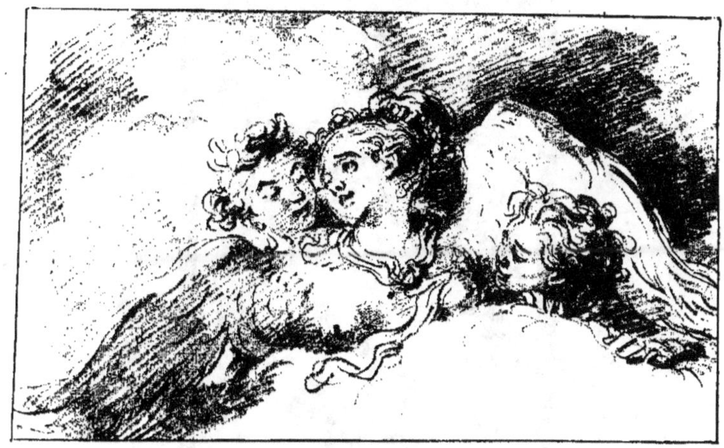

FAC-SIMILÉ D'UN DESSIN A LA SANGUINE, PAR FRAGONARD.

(Collection Walferdin.)

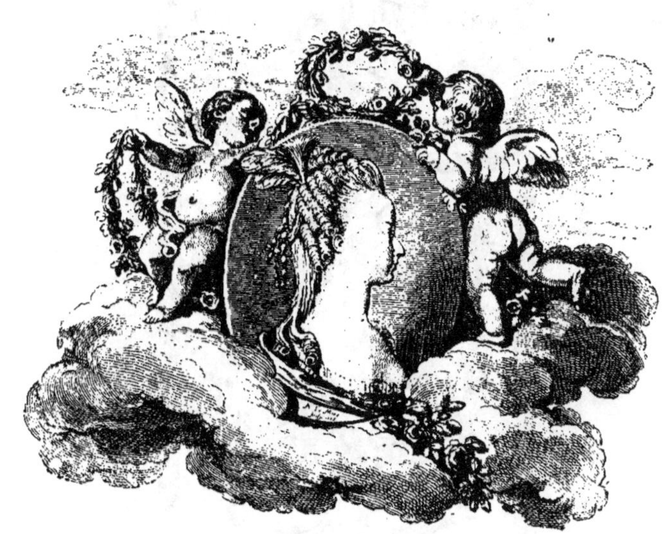

PORTRAIT DE MARIE-ANTOINETTE.

(Gravé par Lemire, d'après Moreau le jeune.)

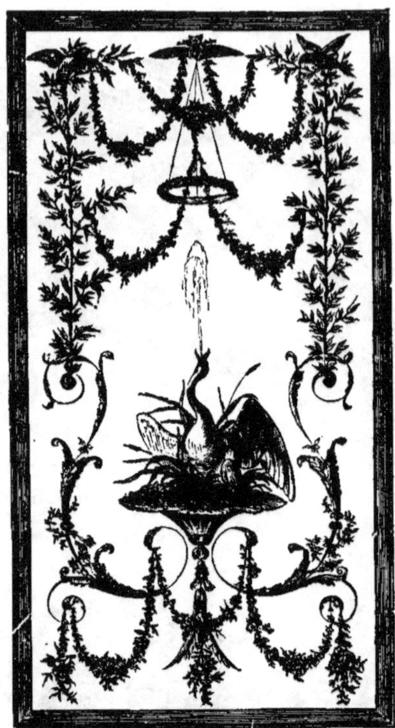


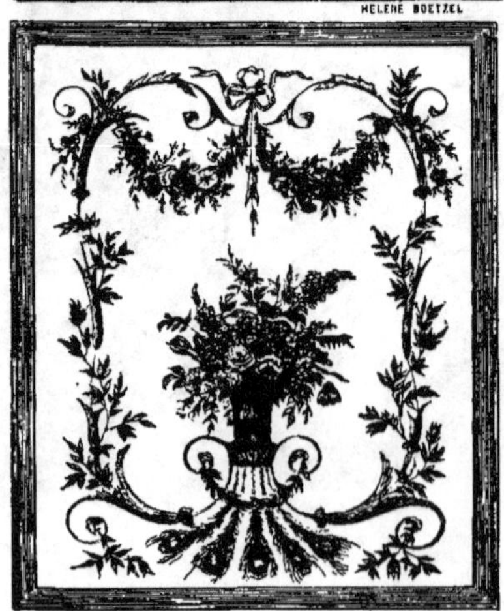

PANNEAUX DU BOUDOIR DE LA DUTHÉ.

(Collection de M. Double.)

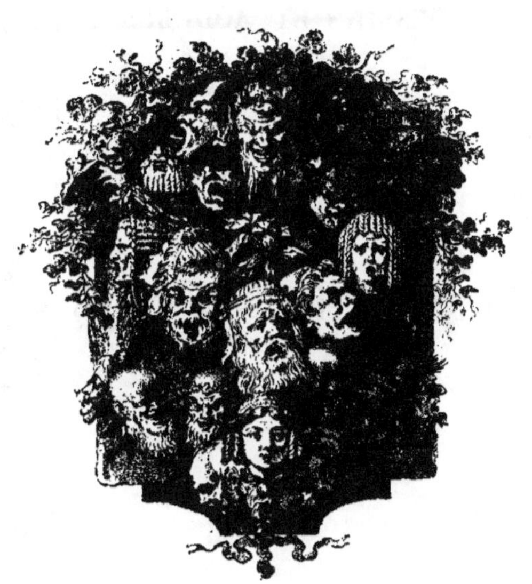

GROUPE DE MASQUES ANTIQUES.

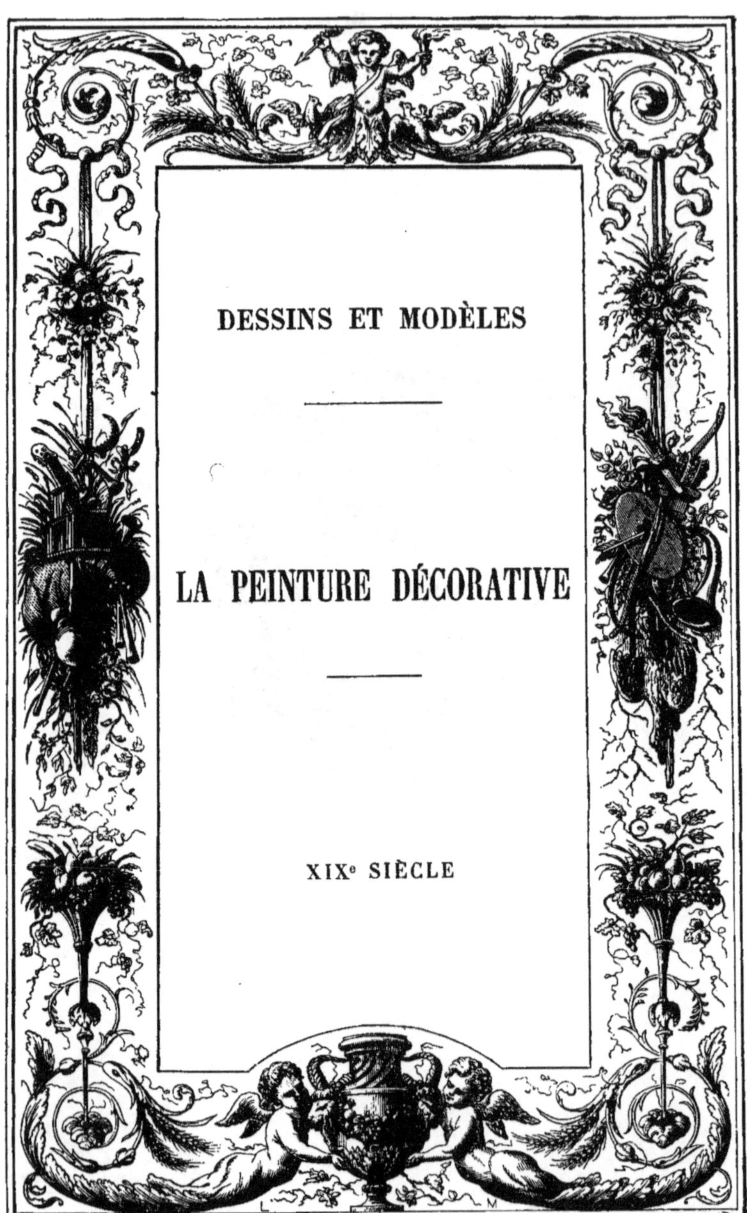

## DESSINS ET MODÈLES

# LA PEINTURE DÉCORATIVE

XIXe SIÈCLE

ENCADREMENT COMPOSÉ ET DESSINÉ PAR M. MONTALAN.

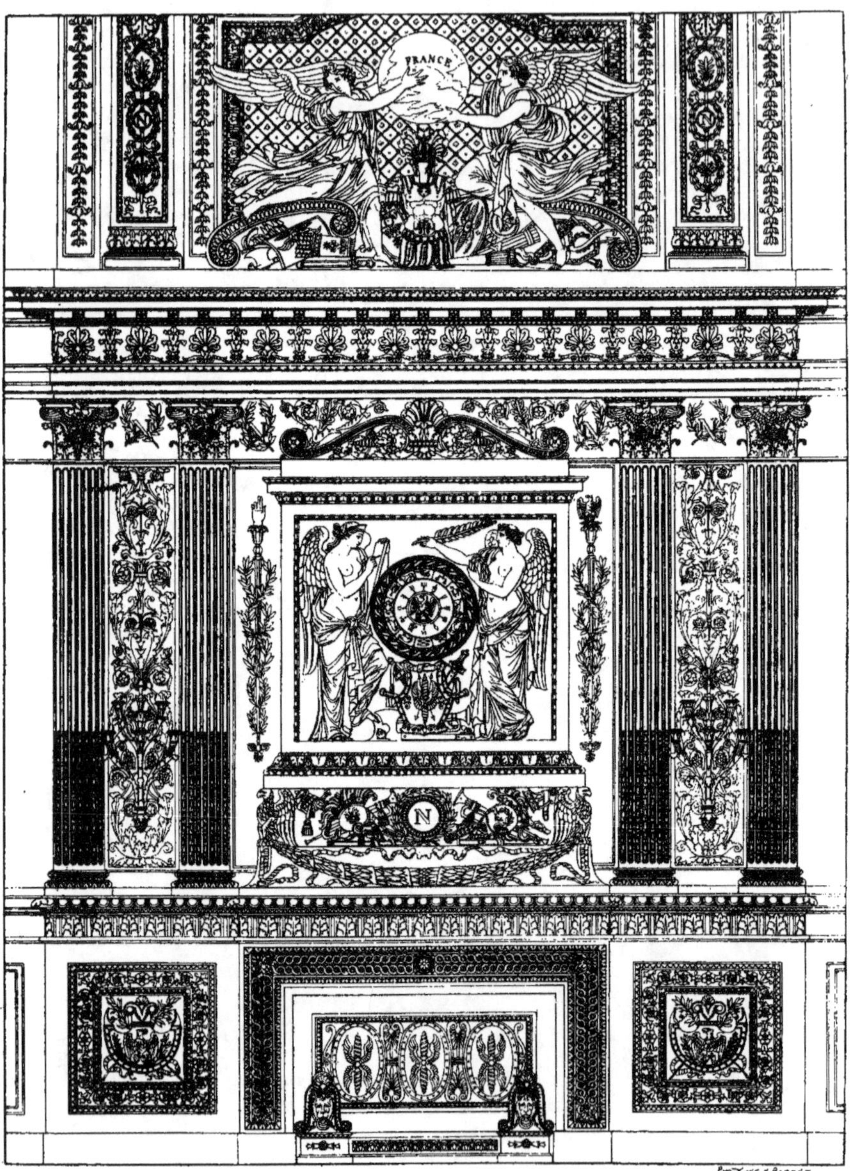


CHEMINÉE DU CABINET DE L'EMPEREUR AUX TUILERIES.

(Composition de Percier.)

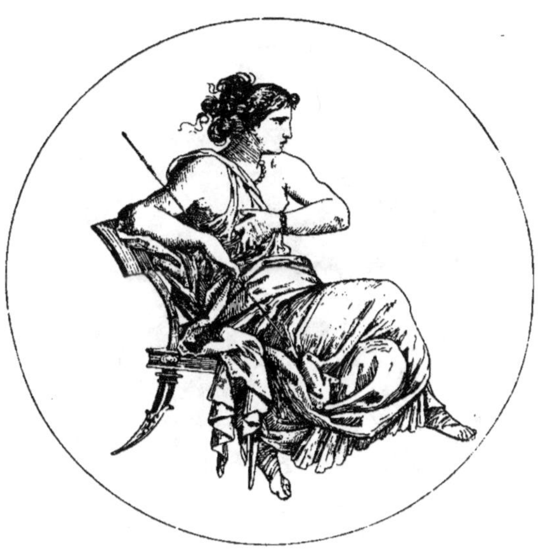

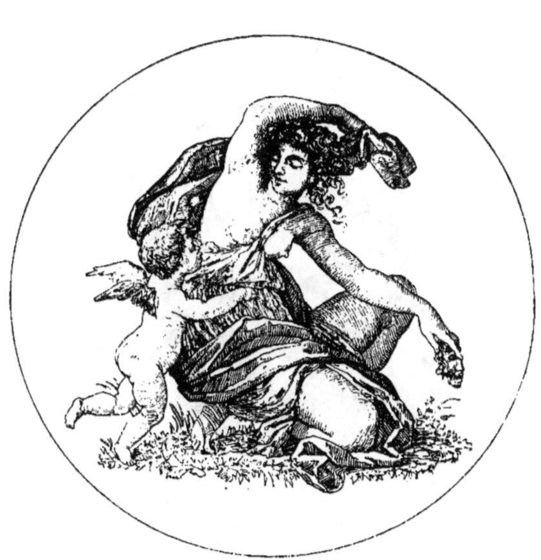

MÉDAILLONS PEINTS PAR PRUDHON.

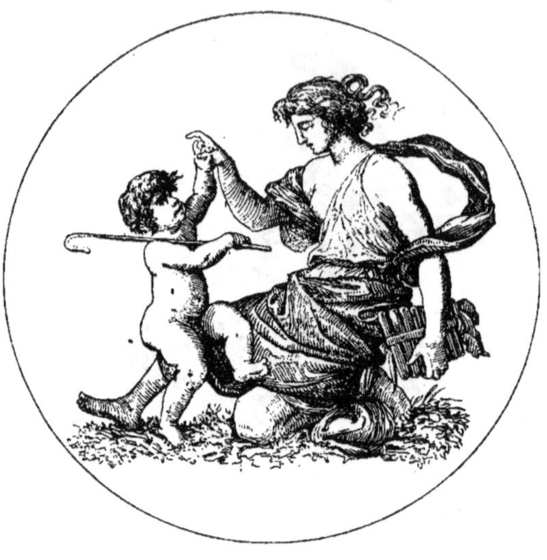

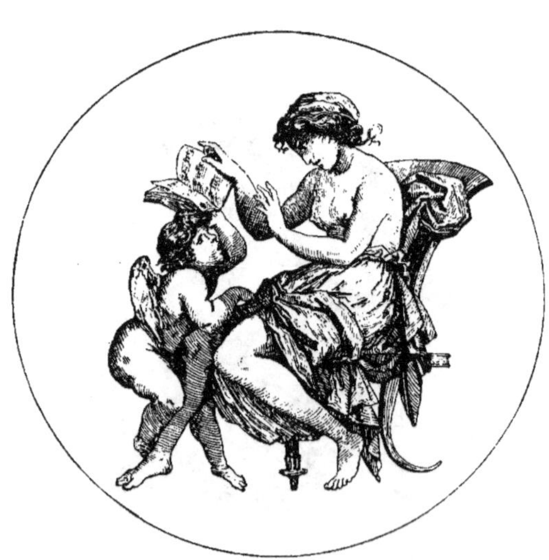

MÉDAILLONS PEINTS PAR PRUDHON.

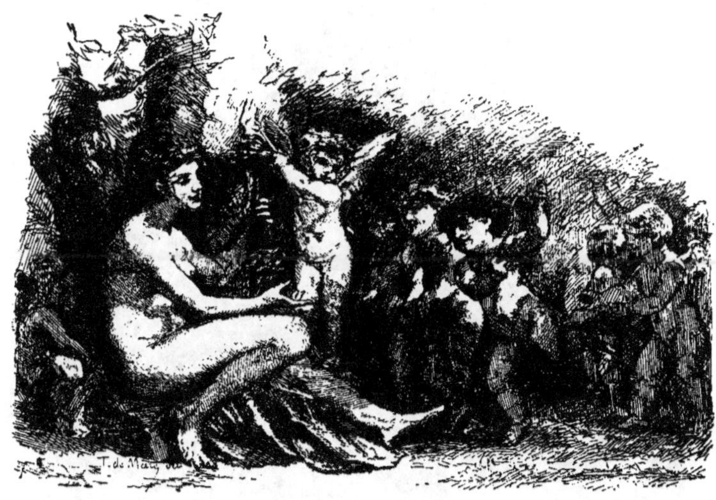

LE RÉVEIL, PAR PRUDHON.

(Galerie de Chantilly.)

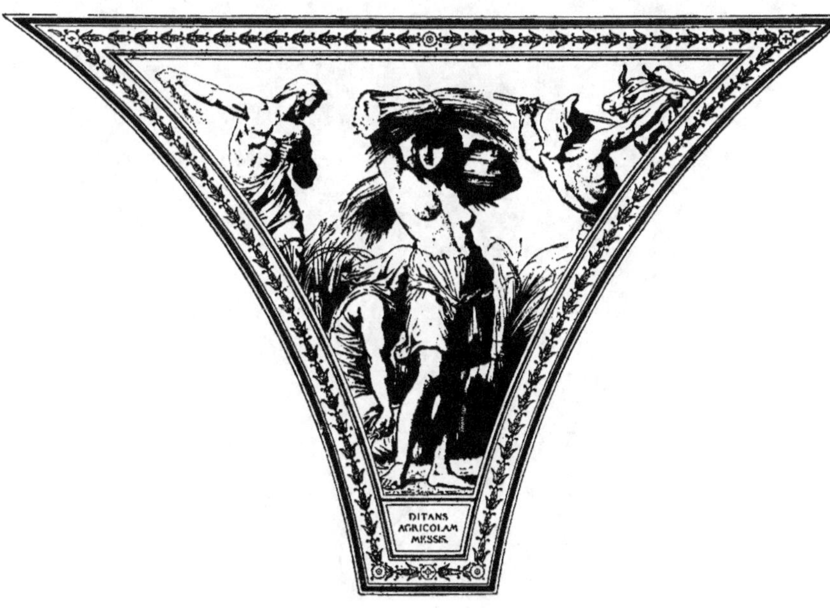


FRAGMENT DES PEINTURES DE LA GALERIE DES FÊTES, PAR M. LEHMANN.

(Ancien Hôtel de Ville.)

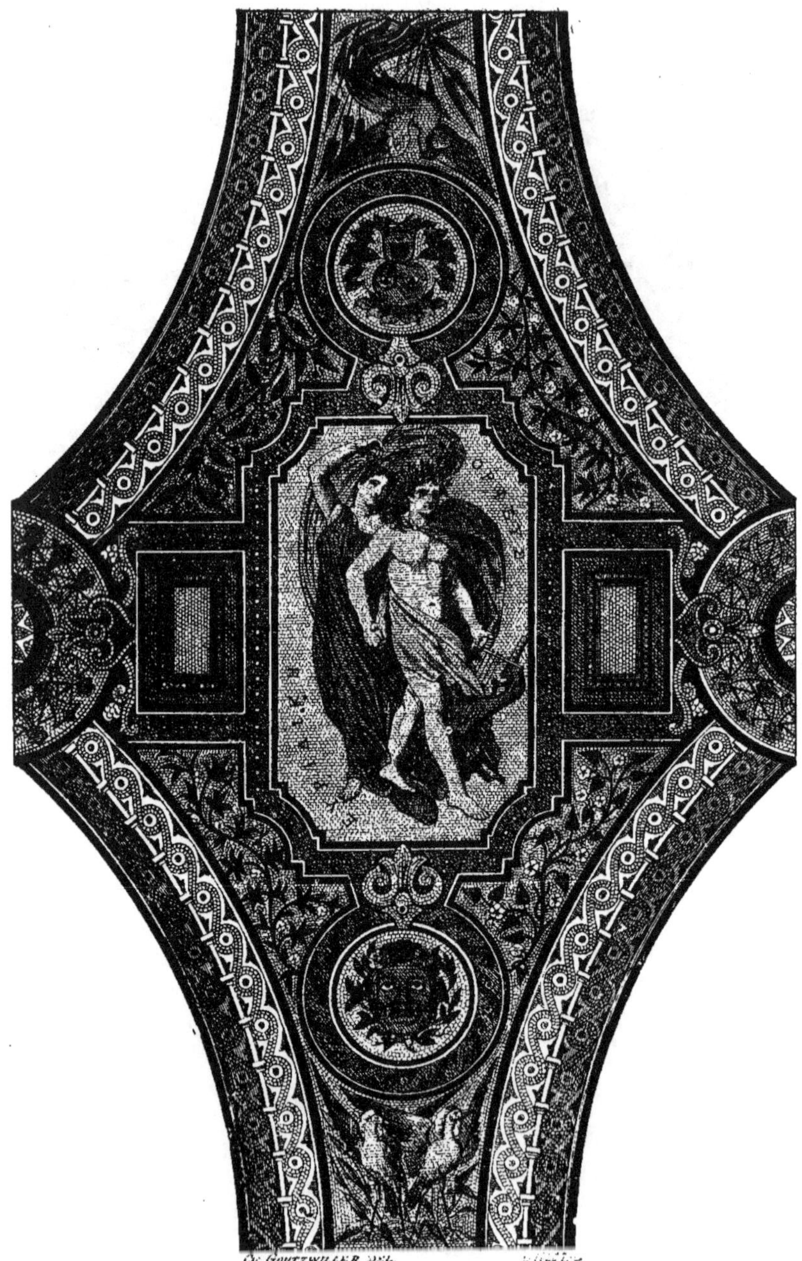

Ch. Goutzwiller del.

MOSAÏQUE DE LA VOUTE DE L'AVANT-FOYER. FIGURES DE M. DE CURZON (A L'OPÉRA).

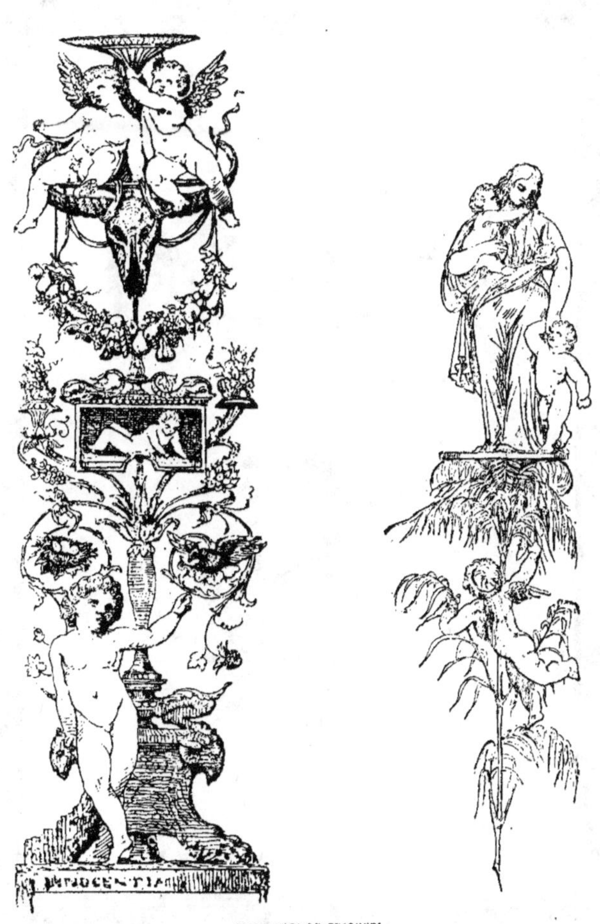

ORNEMENTS DE TRIQUETI.

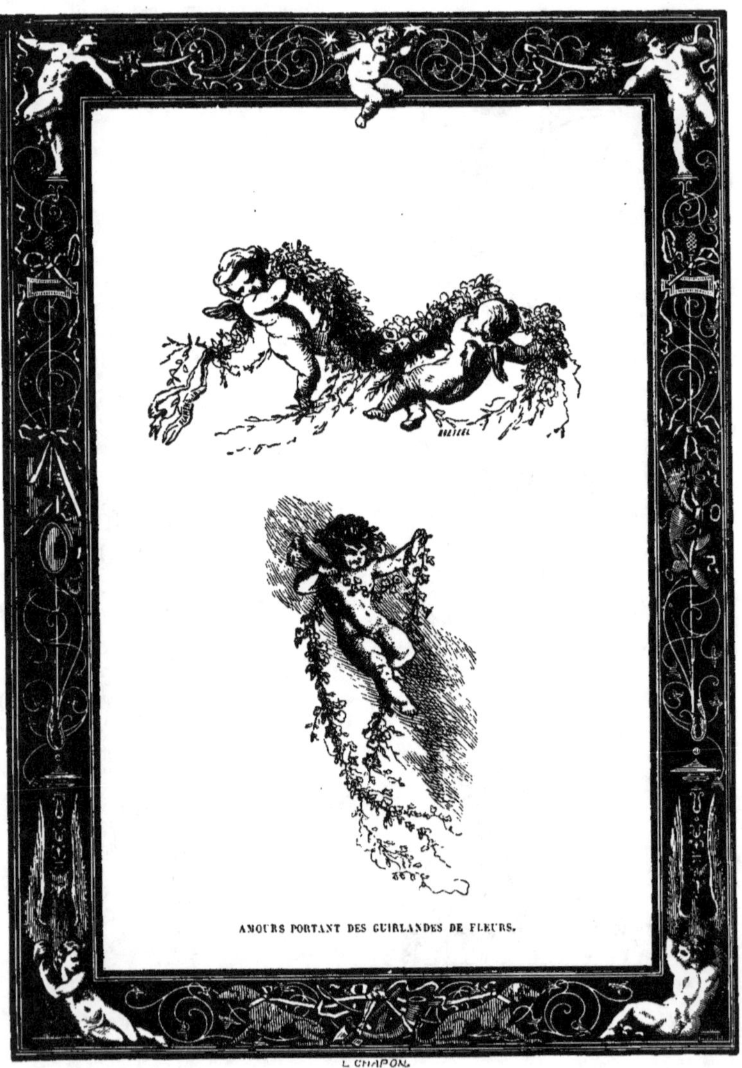

AMOURS PORTANT DES GUIRLANDES DE FLEURS.

L. CHAPON.

ENCADREMENT DE LA « FONTAINE DE JOUVENCE », TABLEAU DE EHRMAN.

LE CORTÉGE DE DIANE.

(Peinture décorative, par M. Faivre-Duffer, au château d'Anet.)

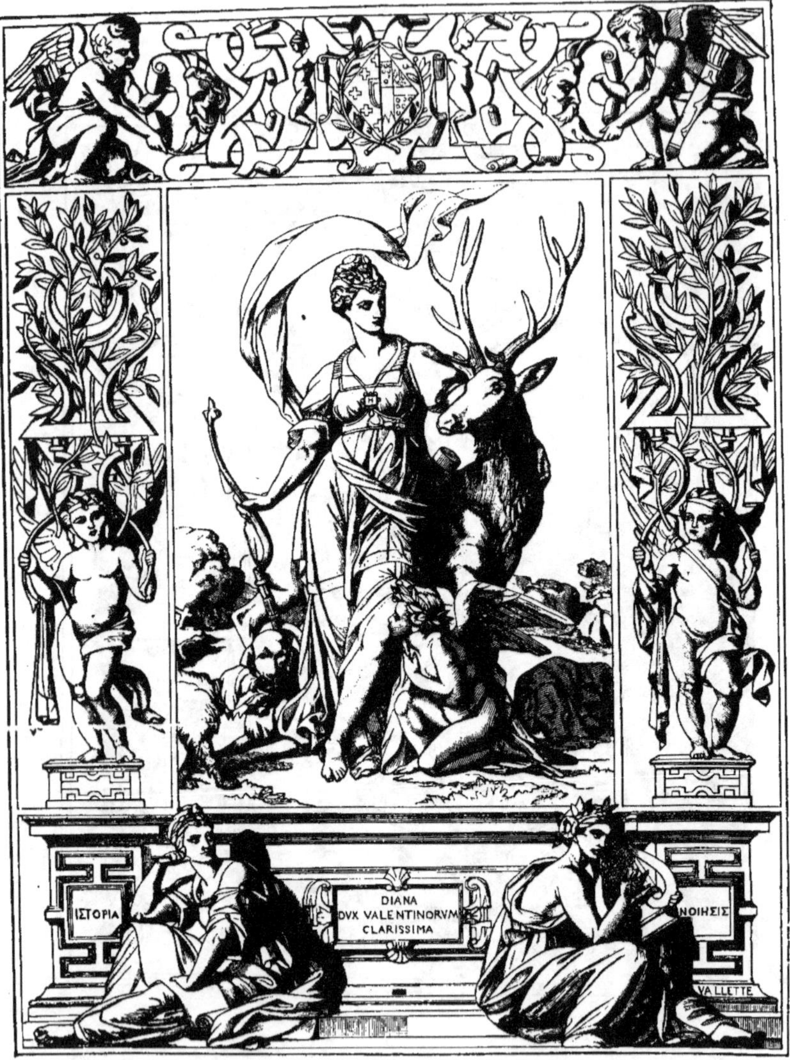


DIANE.

(Peinture décorative, par M. Faivre-Duffer, au château d'Anet.)

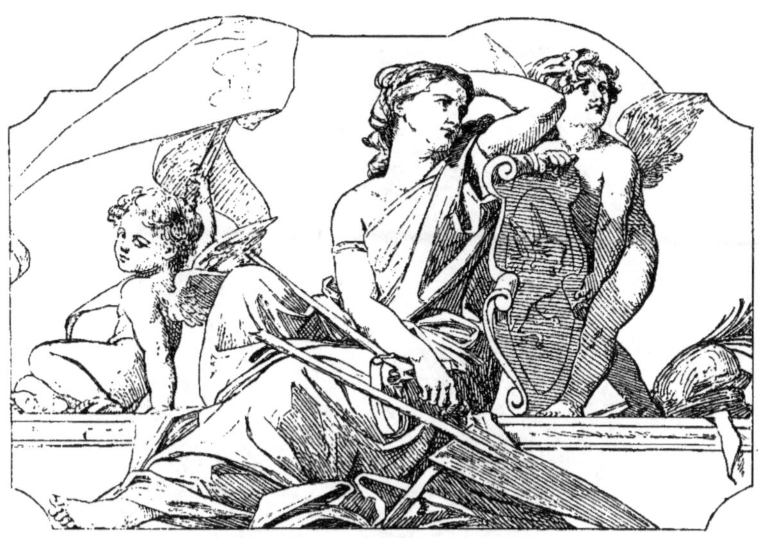

VENISE, PANNEAU DÉCORATIF DE PAUL BAUDRY.

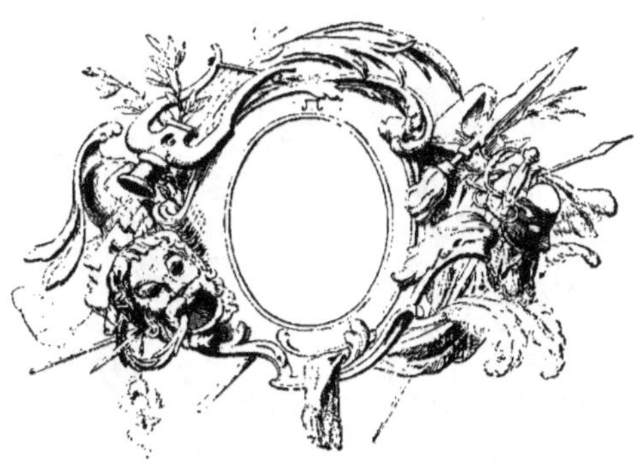

CUL-DE-LAMPE, COMPOSÉ ET DESSINÉ PAR J. JACQUEMART.

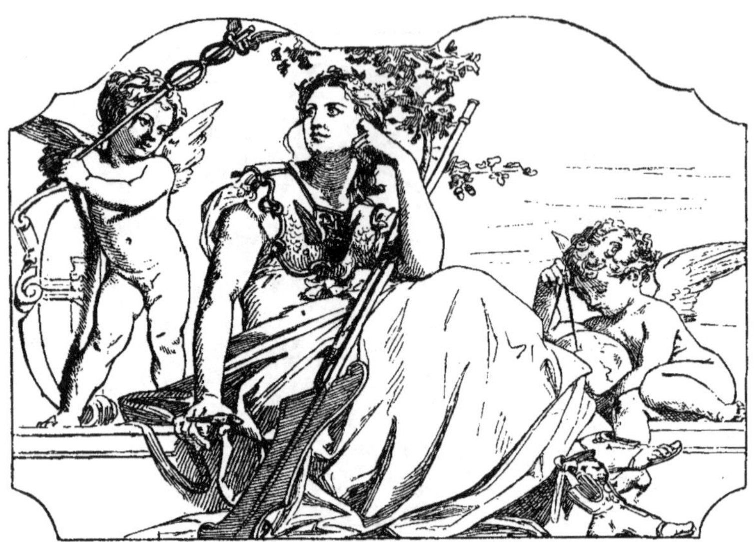

GÊNES, PANNEAU DE PAUL BAUDRY.

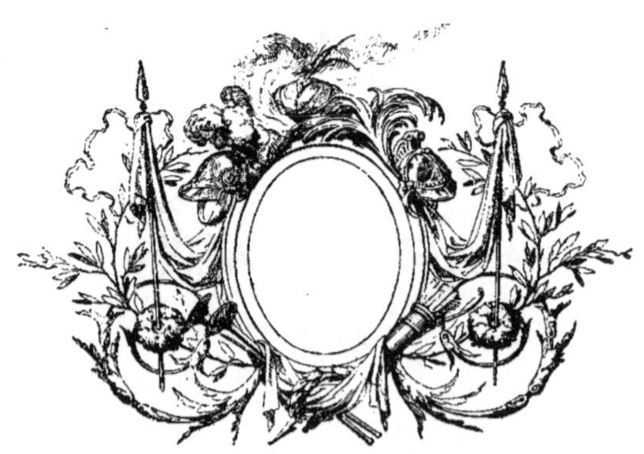

CUL-DE-LAMPE, COMPOSÉ ET DESSINÉ PAR J. JACQUEMART.

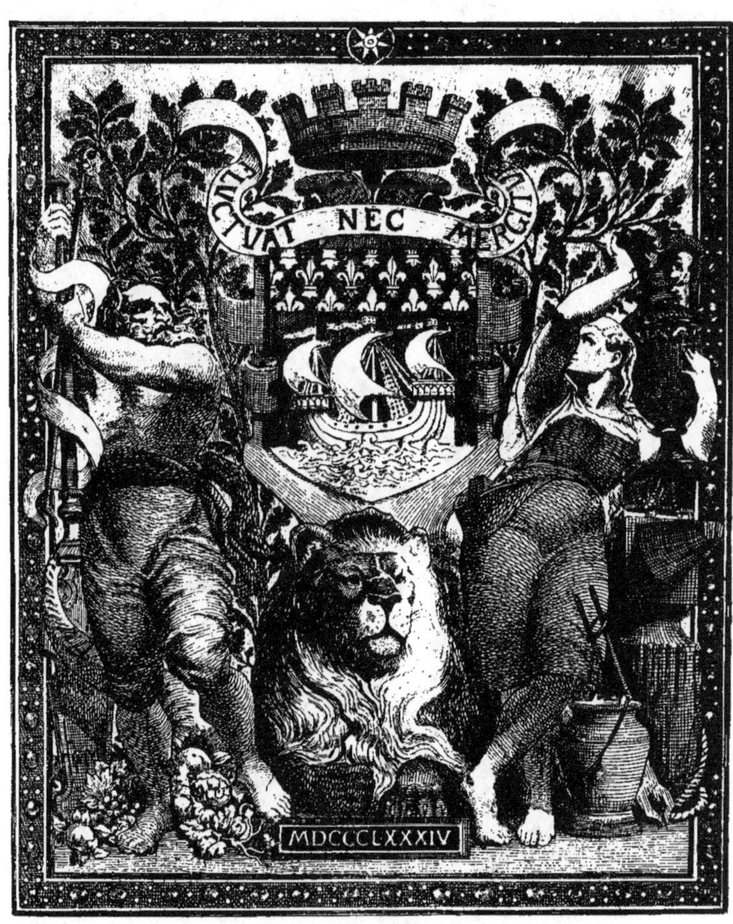


PANNEAU DÉCORATIF AUX ARMES DE LA VILLE DE PARIS.

(Mosaïque exécutée par M. Guilbert-Martin, d'après une composition de M. Lameire.)

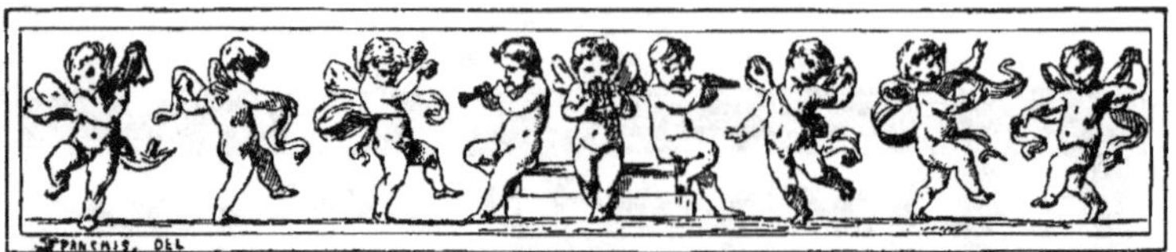


FRISE DÉCORATIVE, D'APRÈS UN DESSIN DE PRUDHON.

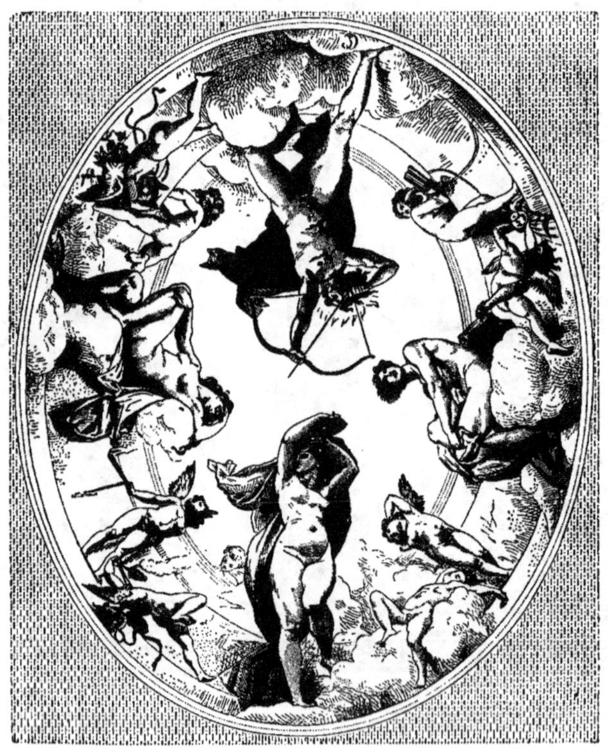

PLAFOND D'UN SALON DE RÉCEPTION, PAR PAUL BAUDRY.

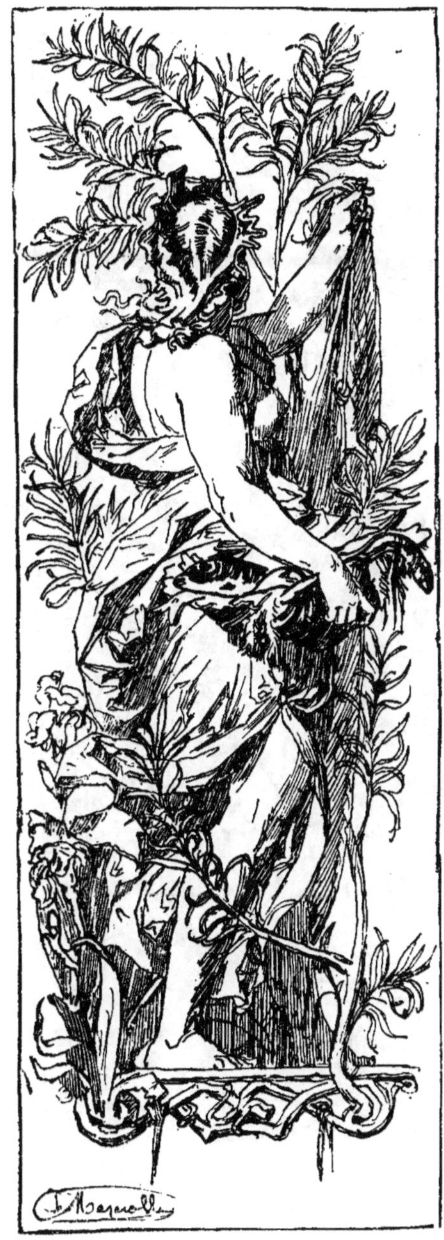

LA PÊCHE, PANNEAU DÉCORATIF, PAR MAZEROLLE.

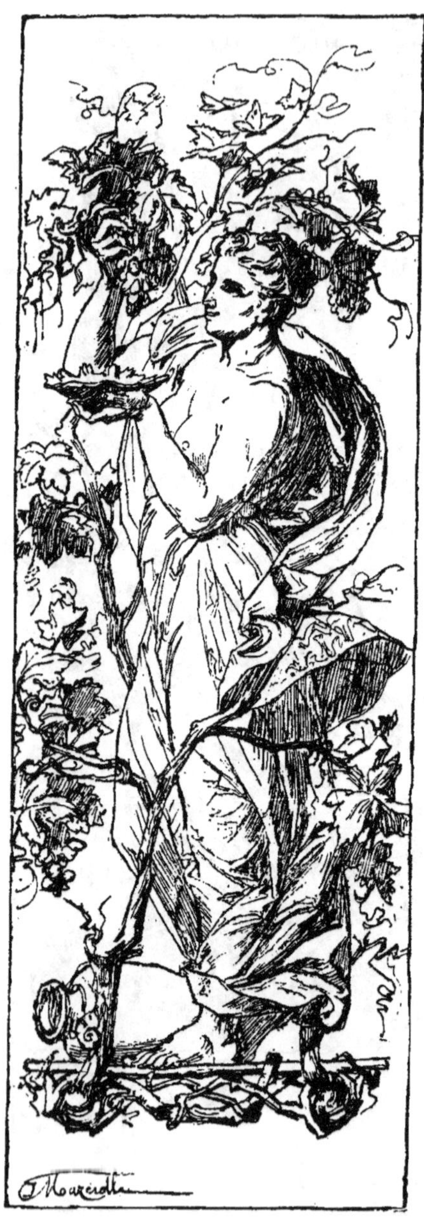

LA VIGNE, PANNEAU DÉCORATIF, PAR MAZEROLLE.

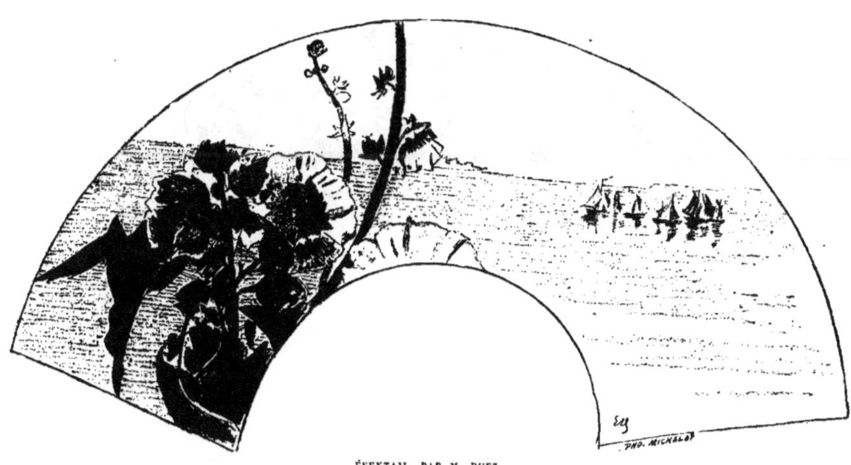

ÉVENTAIL, PAR M. DUEZ.

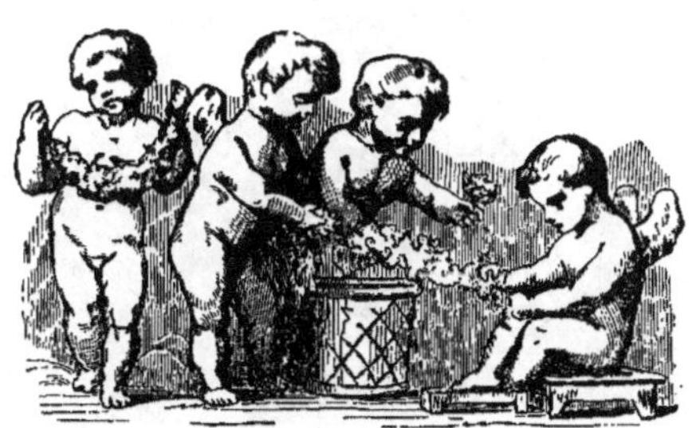

AMOURS JOUANT AVEC DES FLEURS, D'APRÈS UN DESSIN DE PRUDHON.

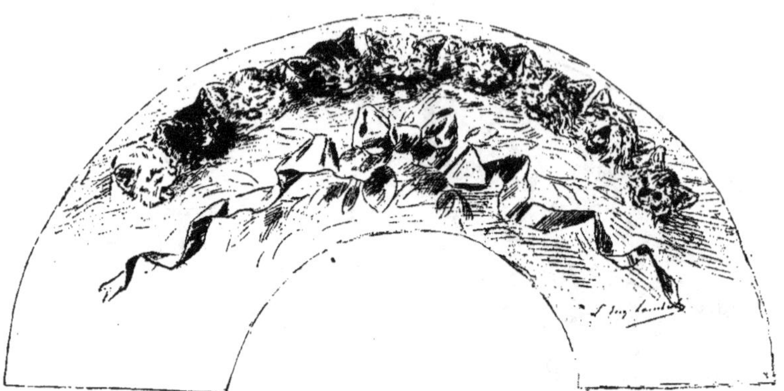

ÉVENTAIL, PAR M. EUGÈNE LAMBERT.

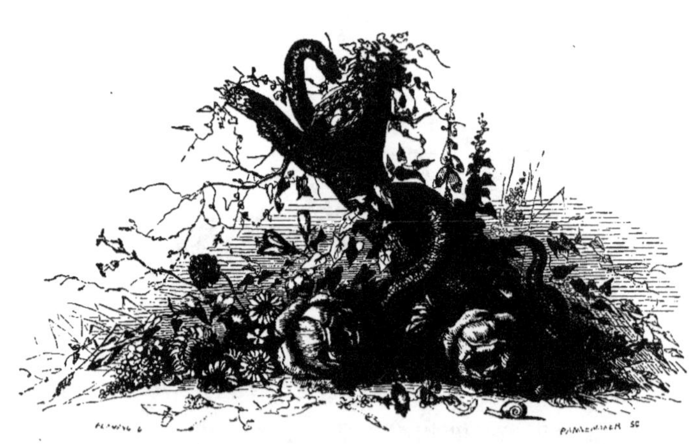

CUL-DE-LAMPE, COMPOSITION DE M. FLAMENG.

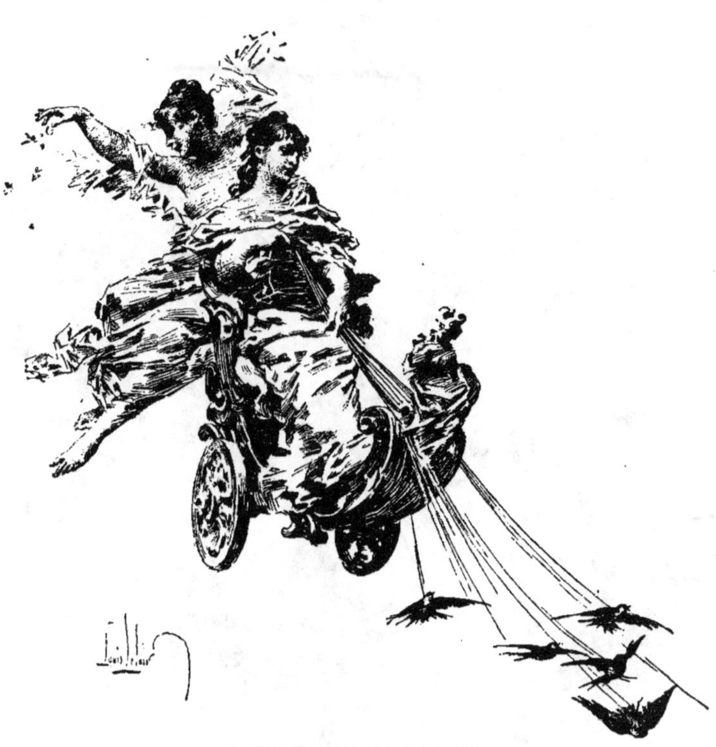

FRAGMENT D'ÉVENTAIL, PAR LOUIS LELOIR.

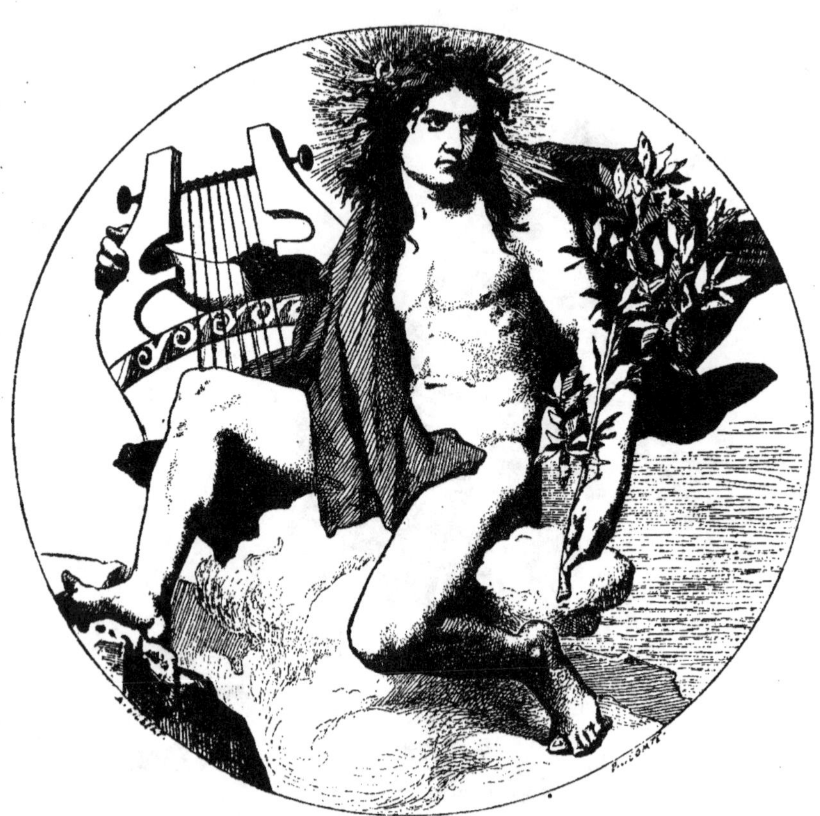

APOLLON, PANNEAU DÉCORATIF DE M. E. DELAUNAY.

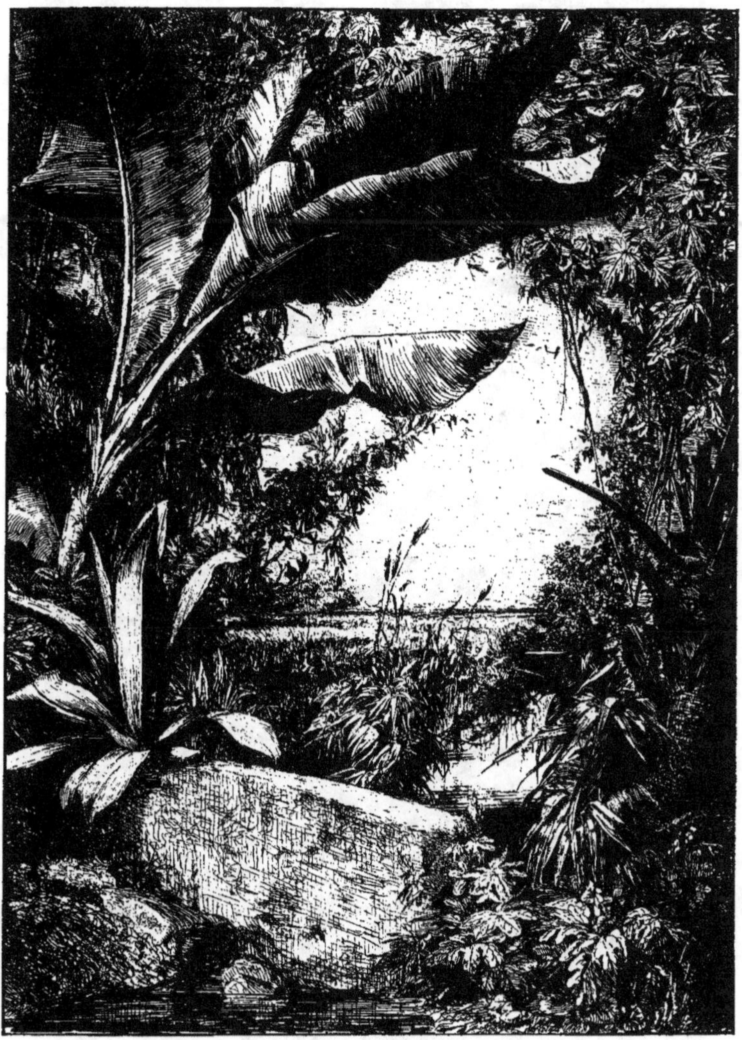

PLANTES DE SERRE, DESSIN ET COMPOSITION DE J. JACQUEMART.

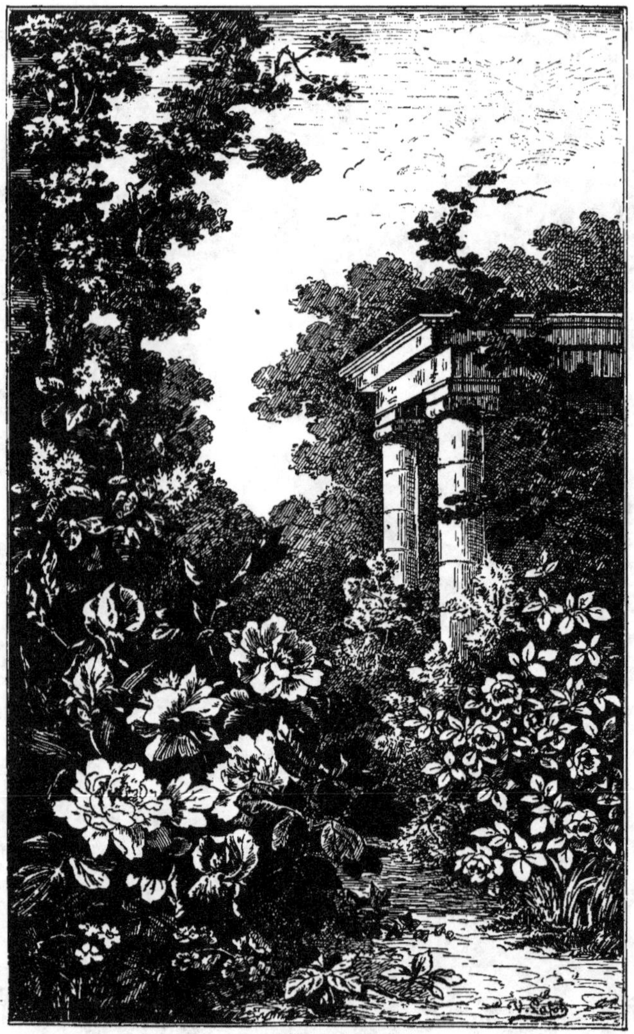

PANNEAU DÉCORATIF POUR TAPISSERIE.

(Composition et peinture à la gouache de M. V. Lafon.)

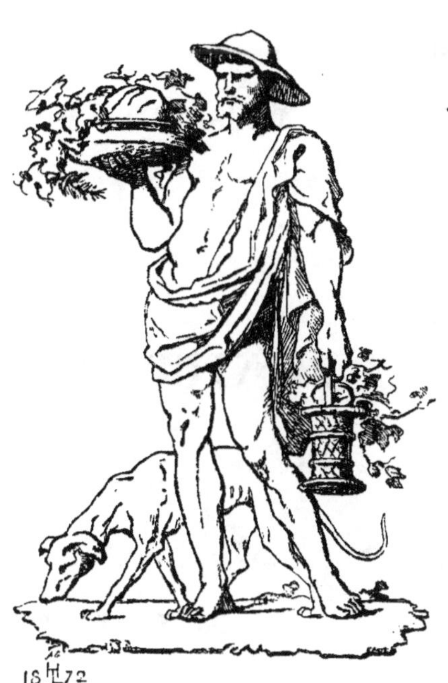

PANNEAU DÉCORATIF, PAR M. HENRI LEHMANN.

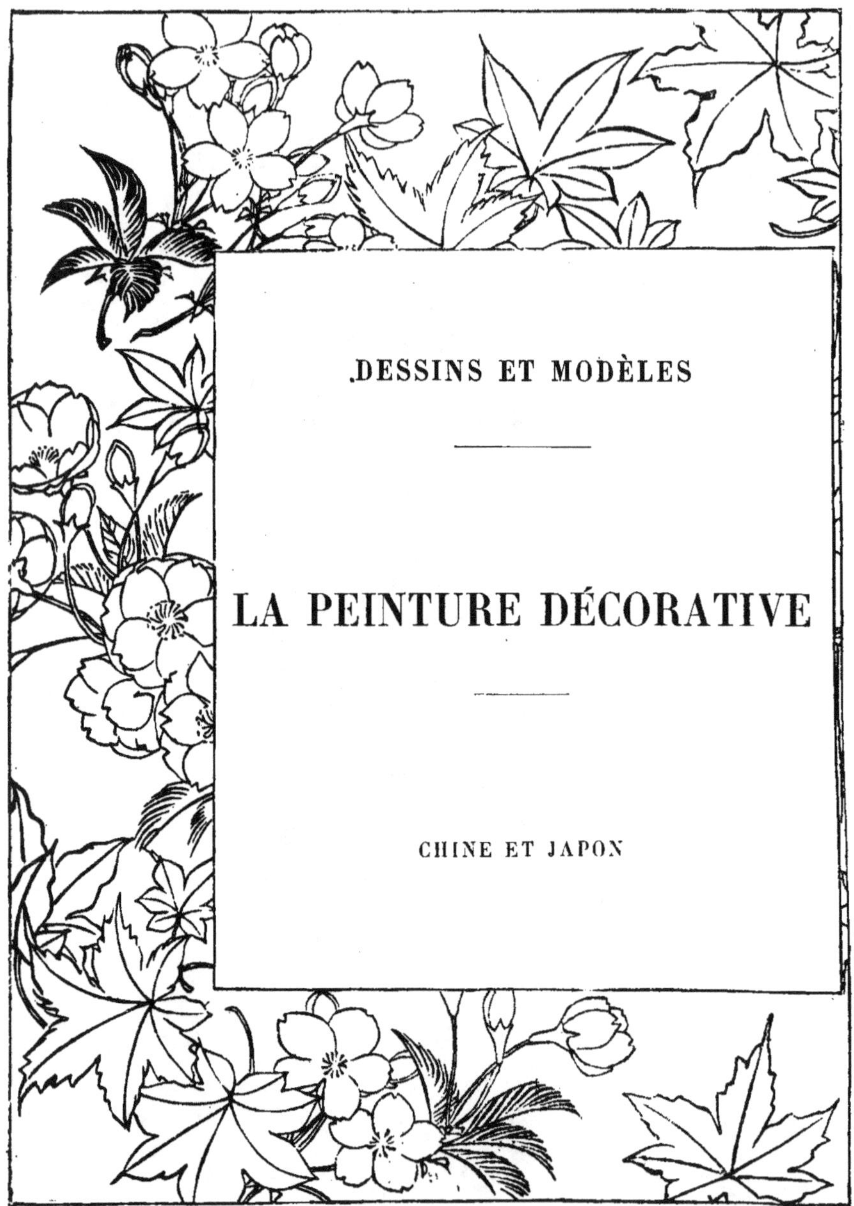

DESSINS ET MODÈLES

# LA PEINTURE DÉCORATIVE

CHINE ET JAPON

ENCADREMENT TIRÉ D'UN ALBUM JAPONAIS.

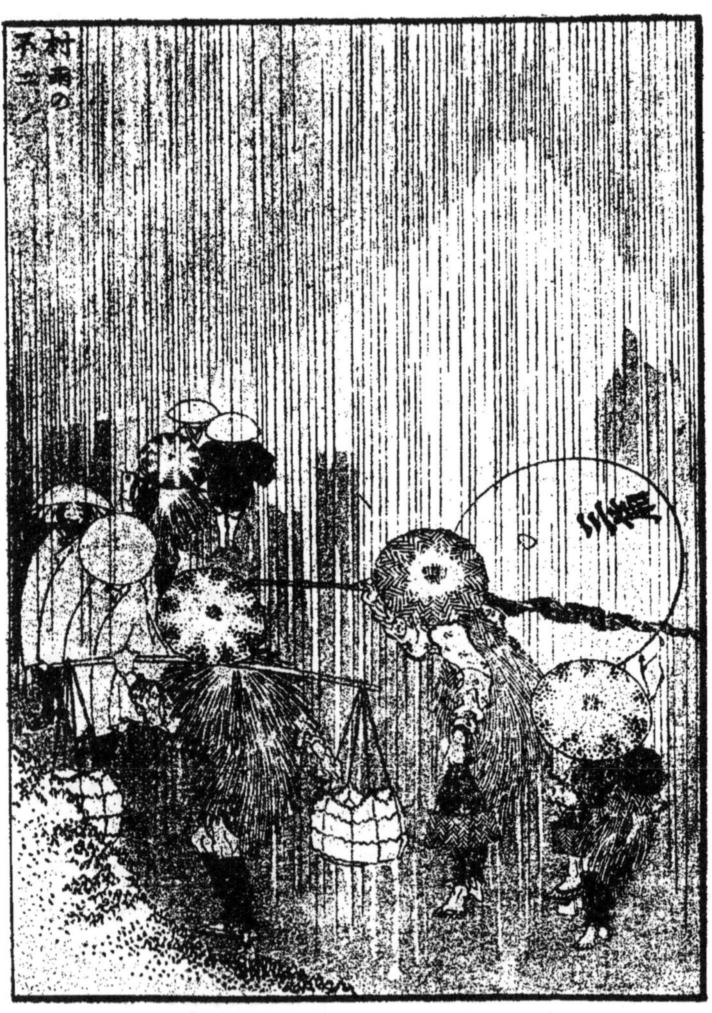


LE FUSI YAMA A TRAVERS UNE PLUIE D'ÉTÉ, PAR HOKOUSAÏ.

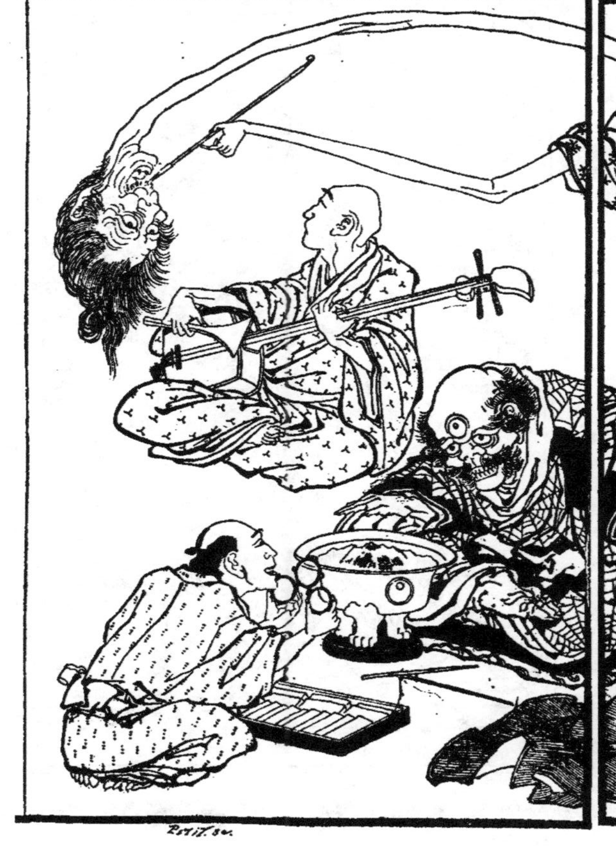


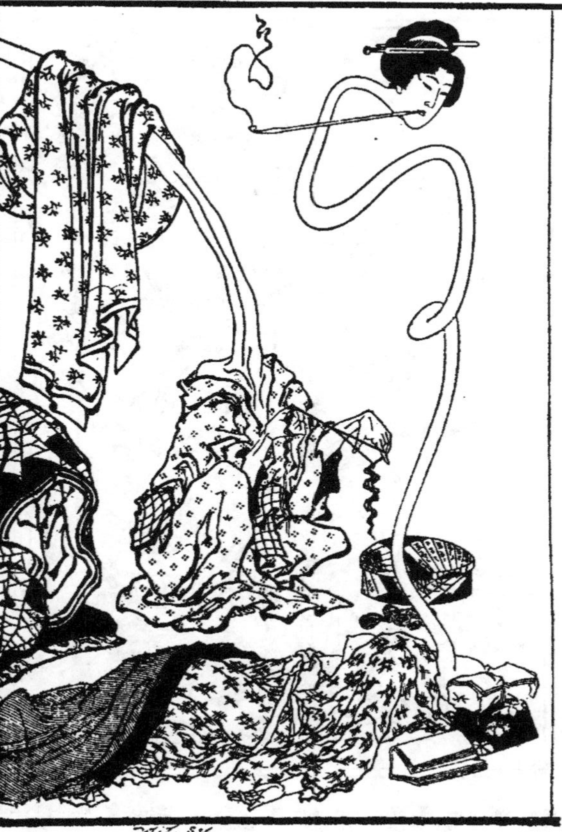

LES FUMEURS, PAR HOKOUSAÏ.

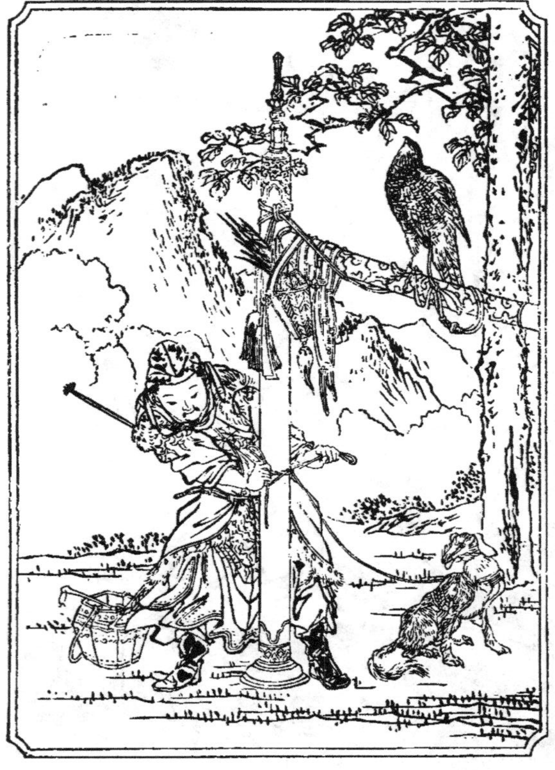

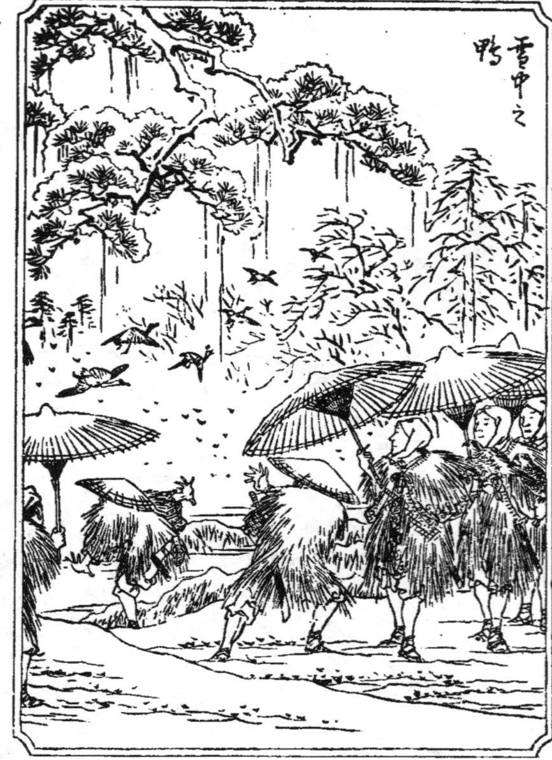


DESSINS TIRÉS D'UN ALBUM JAPONAIS.

(Collection de Ph. Burty.)

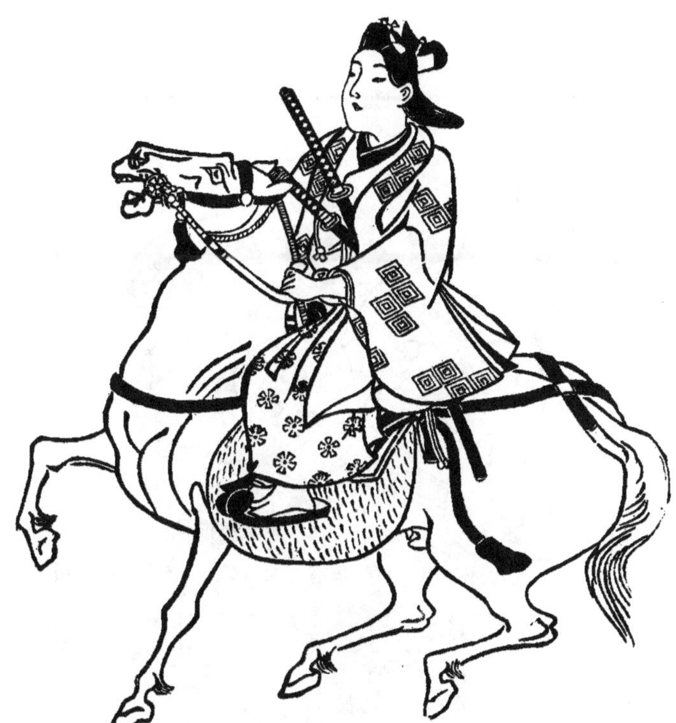

CAVALIER D'APRÈS MORONOBOU.

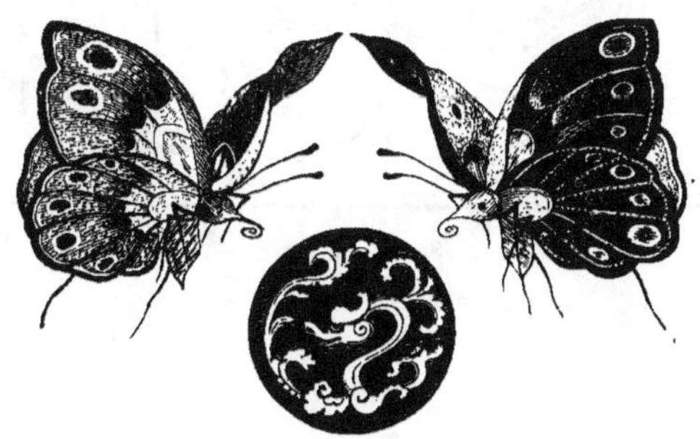

MOTIF DE DÉCORATION CHINOISE.

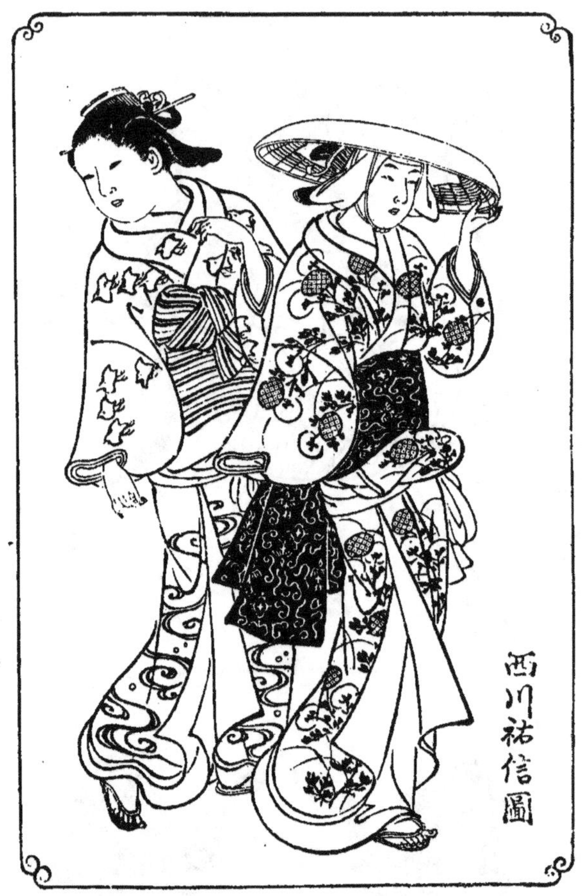


JEUNES FILLES JAPONAISES, PAR SOUKENOBOU.

(Collection de M. Louis Gonse.)

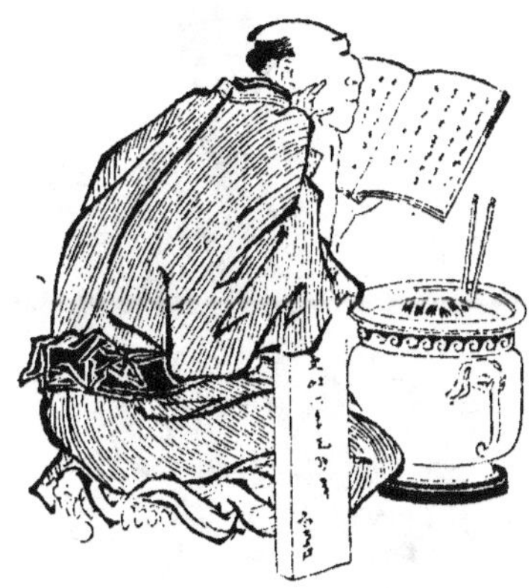

POËTE JAPONAIS.

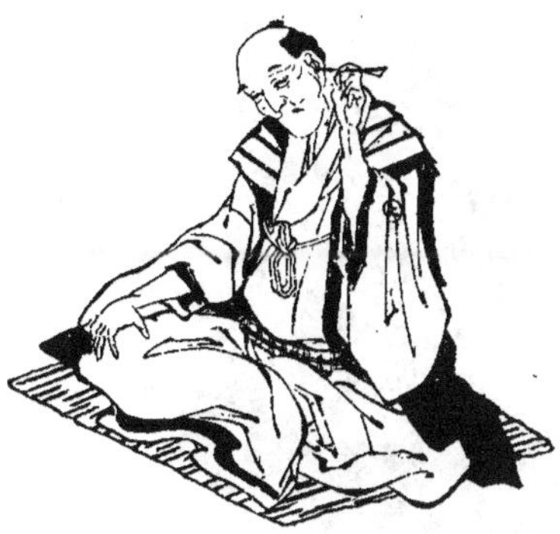

PERSONNAGE JAPONAIS.

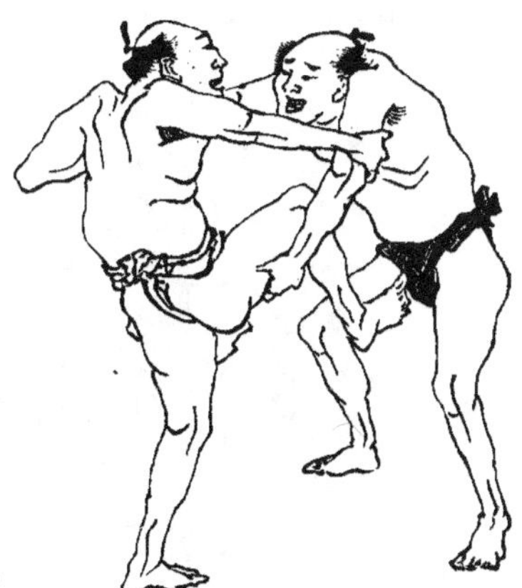

LUTTEURS, D'APRÈS HOKOUSAÏ.

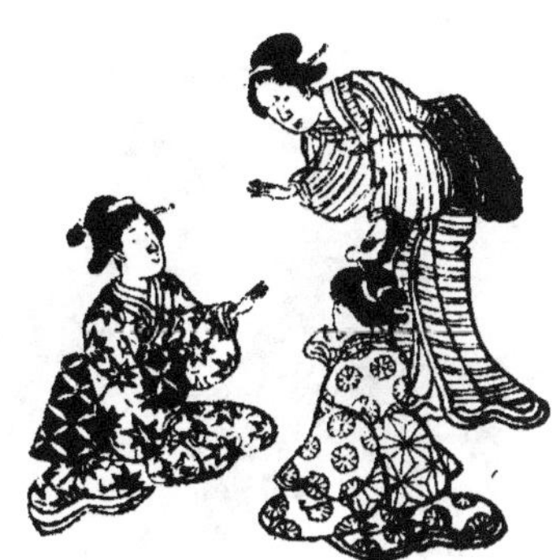

FEMMES JAPONAISES.

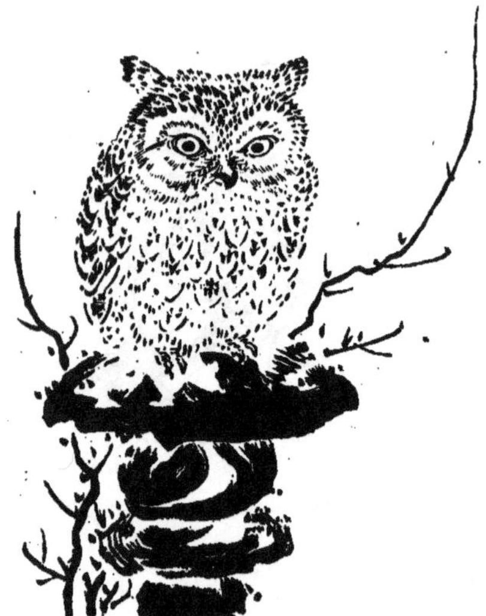

HIBOU, D'APRÈS ITSHIO.

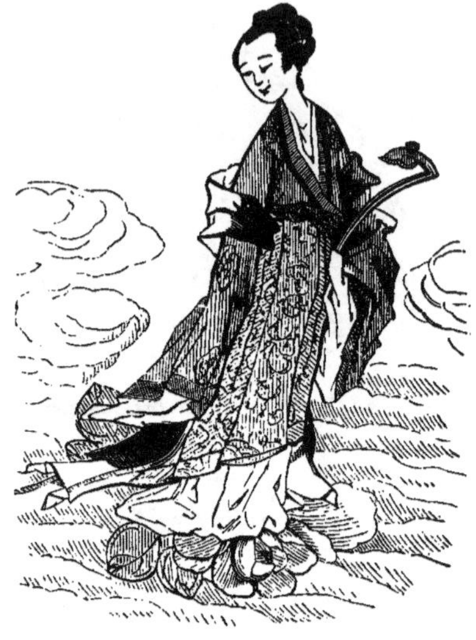

FEMME JAPONAISE, LAQUE.

(Collection de Mme L. Cahen d'Anvers.)

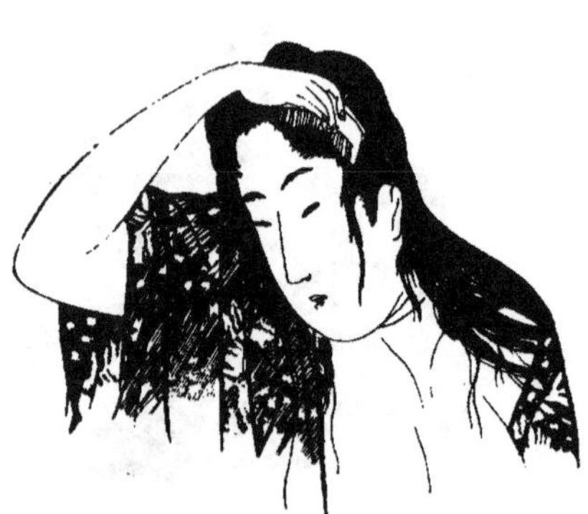

JAPONAISE SE COIFFANT, D'APRÈS OUTAMARO.

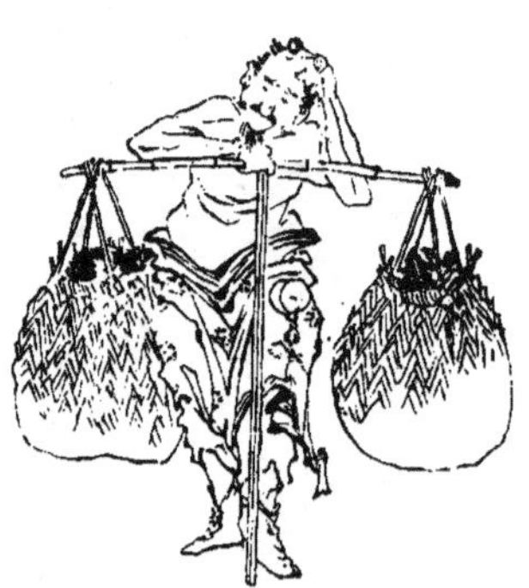

PORTEUR, D'APRÈS HOKOUSAÏ.

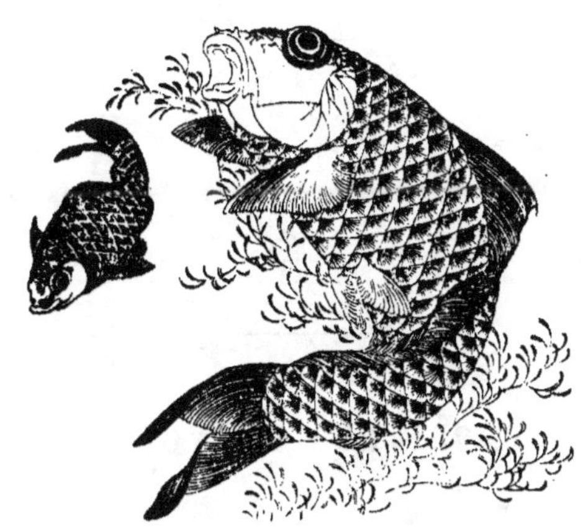

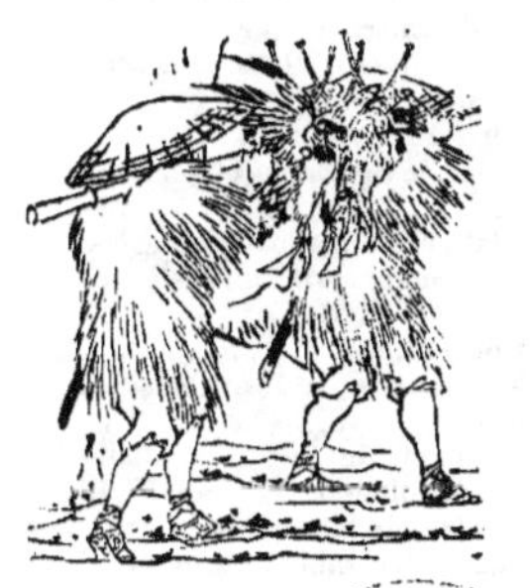

DESSINS TIRÉS D'UN ALBUM JAPONAIS

# TABLE DES MATIÈRES

| | Pages. |
|---|---|
| NOTICE PAR M. L. ROGER-MILÈS | 5 |
| ANTIQUITÉ | 17 |
| DU IX^e^ AU XVI^e^ SIÈCLE | 33 |
| XVII^e^ SIÈCLE | 67 |
| XVIII^e^ SIÈCLE | 85 |
| XIX^e^ SIÈCLE | 107 |
| CHINE ET JAPON | 131 |

# TABLE DES GRAVURES

## DESSINS D'ORNEMENT

Motif de décoration du XVIII^e^ siècle ..... 5
*Vautour*, emblème égyptien ..... 23
*Saint Dunstan aux pieds de saint Grégoire.* — Dessin de saint Dunstan (X^e^ siècle) ..... 35
Lettre Q tirée d'un évangéliaire de Charlemagne ..... 36
*Blanche de Navarre offrant un édifice à Dieu et à ses enfants,* d'après une charte de 1372, aux Archives nationales ..... 36
Cul-de-lampe tiré d'un manuscrit du XV^e^ siècle ..... 37
*Les Trois Vifs,* tirés d'un psautier de Bonne de Luxembourg, XIV^e^ siècle. (Collection de M. A. Firmin Didot.) ..... 37
Cul-de-lampe d'un manuscrit italien ayant appartenu à Mathias Corvin ..... 39
Cul-de-lampe, ornement tiré d'un manuscrit du IX^e^ siècle ..... 42
*Dragon à deux têtes,* cul-de-lampe ..... 48
Ornement tiré des arabesques de Raphaël ..... 49
Marque de Nicolas Du Chemin, dessinée par Jean Cousin ..... 50
Ornement florentin du XVI^e^ siècle ..... 52
Arabesques à la plume. — Dessins du Musée Wicar, attribués à Giaccomo Francia ..... 53
Cinq montants d'ornements, par Nicoleto de Modène. (Collection de M. E. Galichon.) ..... 54
Six motifs d'ornements, par Nicoleto de Modène. (Collection de M. E. Galichon.) ..... 55
Fac-similé d'un dessin d'ornement, par Albert Dürer. (Collection de M. Gatteaux.) ..... 56
Cul-de-lampe ..... 57
*Érasme,* par Holbein ..... 59
Deux montants d'ornements, par Nicoleto de Modène ..... 61
Cul-de-lampe, ornement du XVI^e^ siècle ..... 65
Dessin de Michel-Ange, de la Galerie de Florence ..... 66
*Portrait de Gaston d'Orléans,* par Daniel Rabel, frontispice de la Collection des Vélins, au Musée d'histoire naturelle, à Paris ..... 69
Deux frises composées et dessinées par Claude Mellan ..... 76
Cul-de-lampe (XVII^e^ siècle) ..... 76
Deux frises composées par Claude Mellan ..... 77
Ornement composé par Brebiette ..... 77
*Diane chasseresse,* d'après un dessin du Parmesan. (Collection de M. E. Galichon.) ..... 79

Pages.
Frise composée et dessinée par Claude Mellan ... 80
Ornement composé par Claude Mellan ... 80
Cul-de-lampe du XVIIe siècle ... 81
Composition décorative, par Daniel Marat ... 83
Composition pour un panneau décoratif, par Antoine Watteau. (Collection de M. de Goncourt.) ... 88
*Les Plaisirs de la jeunesse*, par A. Watteau, écran gravé par Huquier ... 90
Frise dessinée par Toro. (Cabinet des Estampes.) ... 92
Cul-de-lampe, composition de François Boucher ... 92
Modèle d'écran, composé par A. Watteau, d'après la gravure de Huquier ... 93
Deux motifs décoratifs, par Salembier ... 98
Frise, dessin du XVIIIe siècle. (Album de M. Beurdeley.) ... 98
*Fontaine*, dessin du XVIIIe siècle. (Album de M. Beurdeley.) ... 99
Motifs d'ornements du XVIIIe siècle ... 100
Fac-similé d'un dessin à la sanguine, par Fragonard. (Collection Walferdin.) ... 104
*Portrait de Marie-Antoinette*, gravé par Lemire, d'après Moreau le jeune ... 104
Groupe de masques antiques ... 106
Ornements de Triqueti ... 104
*Amours portant des guirlandes de fleurs* ... 115
Culs-de-lampe composés et dessinés par J. Jacquemart ... 118, 119
Frise décorative, d'après un dessin de Prudhon ... 121
*Amours jouant avec des fleurs*, d'après un dessin de Prudhon ... 124
Cul-de-lampe, composition de M. Flameng ... 125
*Plantes de serre*, dessin et composition de J. Jacquemart ... 128
*Le Fusi Yama à travers une pluie d'été*, par Hokousaï ... 133
*Les Fumeurs*, par Hokousaï ... 134
Dessins d'un album japonais. (Collection de Ph. Burty.) ... 135
*Cavalier*, d'après Morunobou ... 136
Motif de décoration chinoise ... 136
*Jeunes filles japonaises*, par Soukenobou. (Collection de M. Louis Gonse.) ... 137
*Poète japonais* ... 138
*Personnage japonais* ... 138
*Lutteurs*, d'après Hokousaï ... 138
*Femmes japonaises* ... 138
*Hibou*, d'après Itshio ... 139
*Femme japonaise*, laque. (Collection de Mme L. Cahen d'Anvers.) ... 139
*Japonaise se coiffant*, d'après Outamaro ... 139
*Porteur*, d'après Hokousaï ... 139
Dessins tirés d'un album japonais ... 140

## ENCADREMENTS

Encadrement composé d'après des fresques de Pompéi ... 17
Encadrement tiré d'un manuscrit italien de Mathias Corvin, XVe siècle. (Bibliothèque nationale) ... 33
Encadrement d'une des pages des *Grandes Heures* du XVe siècle ... 42
Encadrement emprunté au *Livre d'Heures* de Maximilien, par Albert Dürer ... 48
Encadrement de page tiré du *Livre d'Heures* de Maximilien, par Albert Dürer ... 49
Encadrement de page dans le goût de Jean Cousin ... 52
Encadrement, d'après Jean de Tournes ... 53
Encadrement de page tiré du *Livre d'Heures* de Maximilien, par Albert Dürer ... 57
Encadrement emprunté à un livre de Guillaume Rouille ... 58
Frontispice des *Peintures de Lebrun et de Lesueur à l'hôtel Lambert*, gravé par Bernard Picart ... 67
Frontispice gravé sur les dessins de Rubens pour une édition plantinienne ... 70, 71
Encadrement tiré du *Roland furieux*, édition de Venise ... 79
Encadrement, par Watteau, d'après la gravure de Moyreau ... 85
Encadrement, par Watteau, tiré d'un panneau décoratif de la « Petite Singerie », à Chantilly ... 94
Encadrement composé et dessiné par M. Montaland ... 107
Encadrement de la *Fontaine de Jouvence*, tableau de M. Ehrmann ... 115
Encadrement d'après un dessin japonais ... 131

## FRESQUES

Pages.

*Maison du Peintre*, peinture pompéienne . . . . . . . . 27
*Amazone*, peinture de Pompéi . . . . . . . . 28
*Didon*, peinture de Pompéi . . . . . . . . 29
*Les Pygmées*, d'après une fresque de Pompéi . . . . . . . . 30
Masque antique, fragment d'une peinture de Pompéi . . . . . . . . 31
*Le Christ entouré de la Cour céleste*, par Orcagna. (Eglise Santa-Maria-Novella, à Florence.) . . . . . . . . 39
*Rencontre du marquis de Gonzague et de son fils le cardinal François*, fresque d'Andrea Mantegna, au château de Mantoue . . . . . . . . 44
*Sixte IV et Platina*, fresque de Melozzo da Forli, à la Bibliothèque du Vatican . . . . . 45
Voûte de la chapelle des Anges, à la cathédrale d'Albi, fresque italienne du commencement du XVI<sup>e</sup> siècle . . . . . . . . 51
*Sibylle libienne*, fragment d'une travée du plafond de la chapelle Sixtine, par Michel-Ange . . . . . . . . 61
Frise, d'après une fresque de Gadorino . . . . . . . . 62
Fresques de Véronèse au château de Masère . . . . . . . . 62, 63, 64, 65

## MOSAÏQUES

*Orphée*, céramique pompéienne. (Cimetière de la voie Ardéatine.) . . . . . . . . 31
Mosaïque de l'abside de Saint-Jean-de-Latran . . . . . . . . 38
Mosaïque du IXe siècle . . . . . . . . 38
Mosaïque de la voûte de l'avant-foyer à l'Opéra, figures de M. de Curzon . . . . . . . . 113
Panneau décoratif aux armes de la Ville de Paris, mosaïque exécutée par M. Gilbert-Martin, d'après une composition de M. Lameire . . . . . . . . 120

## PANNEAUX, PEINTURES DÉCORATIVES

*Le Pharaon Siti Ier protégé par Isis*. (Temple à Abydos.) . . . . . . . . 19
*Assourbanipal*, roi d'Assyrie, d'après un bas-relief du Musée du Louvre . . . . . . . . 20
Brique émaillée assyrienne. (Musée Britannique.) . . . . . . . . 21
*Assournasirpal*, roi d'Assyrie, d'après un bas-relief du Louvre . . . . . . . . 22
*Sargon*, roi d'Assyrie, d'après un bas-relief du Louvre . . . . . . . . 22
*Le Géant Titye tué par Apollon*, vase grec du Musée du Louvre . . . . . . . . 23
Fragments de décor d'un vase de Corinthe . . . . . . . . 24
*Achille pansant Patrocle blessé*, fond d'une coupe de Sosias. (Musée de Berlin.) . . . . . 24
*Le Jugement de Pâris*, fragment de la peinture d'une coupe de Hiéron . . . . . . . . 25
*Hercule sur un lit de festin*, d'après un vase grec du Louvre . . . . . . . . 25
*Œnochoé de Gamédès*. (Fabrique de Tanagra.) . . . . . . . . 26
*Sainte Catherine*, par Memling . . . . . . . . 40
*La Vierge encadrée de roses*, attribuée à Martin Schöngauer. (Église Saint-Martin, à Colmar) . . . . . . . . 41
Devant d'autel de la Capilla de Azulejos, à Séville, peinture sur faïence par Nicoloso Francisco . . . . . . . . 43
*La Circoncision*, volet d'un triptyque de Mantegna. (Musée des Offices.) . . . . . . . . 46
*Groupe de saints*, volet de gauche du rétable de San-Zeno, par Andrea Mantegna . . . . 47
*Costume du XVIe siècle*, personnages des *Noces de Cana*, par Véronèse. (Musée du Louvre.) . . . . . . . . 58
*Les Oiseaux dans le parc*, d'après Hondekoeter. (Galerie de M. Rothan.) . . . . . . . . 72
*Enfants portant des fleurs*, par Rubens, tableau du Musée de Munich . . . . . . . . 73
*Le Pape saint Grégoire*, tableau de Rubens, du Musée de Grenoble . . . . . . . . 74
Porte de la salle du Livre d'or au Palais du Luxembourg, peinte par Charles Errard, (XVIIe siècle) . . . . . . . . 75
Peinture décorative par Le Brun. (Grande galerie de Versailles.) . . . . . . . . 78
*Bacchante*, par Louis Carrache. (Galerie Pourtalès.) . . . . . . . . 81
Peinture décorative de J. Bérain, au Louvre . . . . . . . . 82
*Figure de paysanne*, tirée de l'œuvre du Poussin . . . . . . . . 84
*Le Plaisir pastoral*, par Antoine Watteau, d'après la gravure de Tardieu . . . . . . . . 87
*Le Lorgneur*, par A. Watteau, d'après la gravure de Scotin . . . . . . . . 89

Pages.
*Le Dénicheur de moineaux,* panneau décoratif peint par A. Watteau, gravé par F. Boucher . . . . . . . . 91
*La Favorite de Flore,* panneau décoratif, par A. Watteau . . . . . . . . 93
*Les Plaisirs des champs,* par A. Watteau, panneau décoratif. (Cabinet de la « Petite Singerie », au château de Chantilly.) . . . . . . . . 95
Décoration de la porte d'un salon, par François Boucher. (Collection de M. Groult.) . . . 96
Décoration de la porte d'un salon, par François Boucher, d'après la gravure de Demarteau. (Collection de M. Groult.) . . . . . . . . 97
*Les Petits Pêcheurs,* par F. Boucher, panneau décoratif, d'après une gravure de Laurent Cars. (Collection de M. Eud. Marcille.) . . . . . . . . 100
Panneau décoratif, par F. Boucher . . . . . . . . 101
*La Poésie satirique,* par F. Boucher, panneau décoratif. (Collection de Eud. Marcille.) 101
*La Peinture,* d'après F. Boucher. (Galerie Rothan.) . . . . . . . . 102
*L'Inspiration favorable,* gouache par Fragonard, d'après une gravure de M.-L. Halbou. (Collection de M. Eud. Marcille.) . . . . . . . . 103
Panneaux du boudoir de la Duthé. (Collection de M. Double.) . . . . . . . . 105
Cheminée du cabinet de l'empereur, aux Tuileries. (Composition de Percier.) . . . . . . . 109
Médaillons peints par Prudhon . . . . . . . . 110 111
*Le Réveil,* par Prudhon. (Galerie de Chantilly.) . . . . . . . . 112
Fragment des peintures de la galerie des fêtes, par M. Lehmann (ancien Hôtel-de-Ville) 112
*Le Cortège de Diane,* peinture décorative, par M. Faivre-Duffer, au château d'Anet . . . 116
*Diane,* peinture décorative, par M. Faivre-Duffer, au château d'Anet . . . . . . . . 117
Venise, panneau décoratif, par Paul Baudry . . . . . . . . 118
Gênes, panneau décoratif, par Paul Baudry . . . . . . . . 119
Plafond d'un salon de réception, par Paul Baudry . . . . . . . . 121
*La Pêche,* panneau décoratif, par Mazerole . . . . . . . . 122
*La Vigne,* panneau décoratif, par Mazerole . . . . . . . . 123
Eventail, par M. Duez . . . . . . . . 124
Eventail, par Eugène Lambert . . . . . . . . 125
Fragment d'éventail, par Louis Leloir . . . . . . . . 126
*Apollon,* panneau décoratif de M. E. Delaunay . . . . . . . . 127
Panneau décoratif pour tapisserie, composition et peinture à la gouache de M. V. Lafon. 129
Panneau décoratif de M. Henri Lehmann . . . . . . . . 130

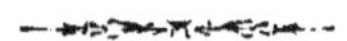

Bordeaux. — Imp. G. Gounouilhou, rue Guiraude, 11.

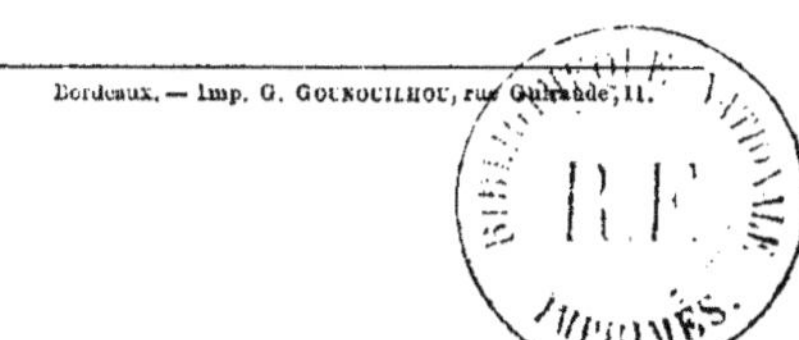

www.ingramcontent.com/pod-product-compliance
Lightning Source LLC
LaVergne TN
LVHW020022170826
845678LV00001B/90

*9782329789989*